# 그래서 스테이블코인이 뭔데?

**1판 1쇄 발행**　2025년 10월 03일
**1판 2쇄 발행**　2025년 11월 12일

**지은이**　권용진·권수경
**발행인**　권정민
**디자인**　김연서
**마케팅**　김지연
**발행처**　어티피컬
**등　록**　2022년 3월 28일(제 2022-000025호)
**주　소**　(우)04313 서울시 용산구 청파로45길 34(청파동)
**이메일**　atypical.book@gmail.com
**ISBN**　979-11-982905-9-5 (03320)

ⓒ 권용진·권수경, 2025

이 책은 저작권법에 따라 보호를 받는 저작물이므로 무단전제와 복제를 금하며, 이 책의 내용 전부 또는 일부를 사용하려면 반드시 저작권자와 어티피컬 출판사의 서면 동의를 받아야 합니다.

• 잘못되거나 파손된 책은 구입하신 서점에서 교환해드립니다.
• 값은 뒤표지에 있습니다.

# 그래서 스테이블코인이 뭔데?

국경 없는 디지털 머니와 금융의 미래

권영진·권수정 지음

apoint

### 추천의 글

이 책은 스테이블코인을 단순히 기술이나 투자 수단이 아니라, '돈의 진화'라는 큰 맥락에서 풀어낸다. 금융에 익숙하지 않은 독자도 쉽게 따라올 수 있도록 설명이 탁월하다. 지금 변화의 물결을 이해하고 싶은 사람이라면 반드시 읽어야 할 책이다.

**신관호** 고려대 경제학과 교수

AI 시대에 새로운 부의 기회는 어디에 있을까요? 저는 그 답이 의외로 '돈'의 진화에 있다고 확신합니다. 이 책은 프로그래밍이 가능해진 새로운 화폐, 스테이블코인이 어떻게 당신의 자산을 불리고 비즈니스를 바꾸게 될지 가장 먼저 보여주는 미래 지도입니다.

**김희제** 스케일AI 인공지능 전략리더

저자는 복잡한 개념을 누구나 공감할 수 있는 사례로 풀어낸다. 그래서 스테이블코인이 단순한 '코인'이 아니라 글로벌 금융 인프라로서 어떤 의미가 있는지 자연스럽게 다가온다. 세계적인 블록체인 개발자로서의 글로벌한 경험에서 나온 통찰이 돋보이며, 마치 미래를 먼저 경험하고 돌아와 들려주는 듯하다.

**이준복** 코인허브코리아 대표이사, 한국 블록체인사업협동조합 이사장

인터넷이 국가 간 경계를 허물며 우리의 삶과 금융·경제 시스템을 바꿔놓았듯, 블록체인과 스테이블코인 역시 새로운 변화를 이끌고 있다. 이 책은 과거와 현재의 문제들이 어떻게 해결되고 있는지, 또 다가올 미래의 이슈들을 어떻게 준비할 수 있는지를 깊이 있게 보여준다. 세계적인 무대에서 쌓은 저자의 경험에서 비롯된 통찰은 오늘날 변화무쌍한 경쟁 환경을 살아가는 우리 모두에게 든든한 이정표가 될 것이다.

**최성원** 프라우드넷 대표이사

◯ 들어가며

# 도대체 스테이블코인이 뭐길래

2022년 9월, 나는 뉴욕에 위치한 팍소스PAXOS라는 기업에 새로운 프로젝트 담당자로 합류하였다. 팍소스는 직원이 400명 정도 되고 2022년도에만 수천억 원의 매출을 올린 기업이다. 팍소스의 사업은 여러 가지가 있지만, 매출의 90%가 스테이블코인에서 나온다. 대표적으로 다른 기업의 스테이블코인을 대신 발행해주는 인프라를 제공해준다. 스테이블코인을 발행하기 위해 준비금을 보관하는 금고, 블록체인 기술, 법적인 부분 등을 해결해주고, 여기서 나오는 수익을 배분받는다. 2022년에 팍소스가 운영하는 스테이블코인은 여러 개가 있었는데, 시가총액 총합이 약 250~300억 달러(약 30~40조 원) 정도 됐다. 이 스테이블코인들의 담보물에서 나오는 이자 수익만 일 년에 5천억 원 이상이었다. 팍소스가 제공한 스테이블코인 중 가장 규모가 큰 것은 세계 최대의 암호화폐 거래소 바이낸스의 스테이블코인, BUSD였다. 그러나 2023년 초, 미국의 규제 당국은 바이낸스의 스테이블코인이 미국 규제를 제대로 받지 않는 것을 문제 삼아 BUSD의 발행을 중단하라고 명령했다. 결국 BUSD는 역사 속으로 사라졌다.

내가 참여한 프로젝트는 팍소스의 새로운 고객인 페이팔Paypal의 새로운 스테이블코인 개발 프로젝트로 페이팔 달러를 만드는 일명 'PYUSD 프로젝트'였다. 약 1년 정도의 개발 끝에 2023년 가을 페이팔의 스테이블코인 PYUSD을 세상에 출시했고, 이후 탑 10 안에 드는 스테이블코인이 되었다. 현재 PYUSD는 120억 달러(약 17조 원)의 시가 총액을 가지고 있으며, 그로부터 어마어마한 이자 수익을 내고 있다.

도대체 스테이블코인이 뭐길래 이렇게 난리인 걸까? 왜 미국은 수십 조가 되는 스테이블코인을 한순간에 없애기도 하고, 또 강력하게 지원해주기도 하는 걸까? 스테이블코인의 역사는 꽤 오래되었는데도 불구하고 여선히 생소한 면이 많다. 테디Iether는 무엇이고 서클Circle은 무엇일까? 원화 스테이블코인은 무엇이고 달러 스테이블코인은 무엇일까? 원화나 달러처럼 쓰는 코인이라는데, 그러면 이것은 코인일까 화폐일까? 스타벅스 캐시나, 은행 앱에 들어 있는 돈도 디지털 화폐인데, 이들은 스테이블코인이 아닐까? 그리고 이런 게 이미 존재했는데, 도대체 왜 스테이블코인이 필요할까? 위험하지는 않을까?

스테이블코인이 혁신적이고 필요하다면, 도대체 스테이블코인으로 뭐가 더 좋아지는걸까? 송금이 간편해진다고 하는데 지금도 이미 무료 송금이 많지 않나? 탈중앙화가 중요하다고도 하고, 안전성이 중요하다고 하는데, 이미 은행도 충분히 안전하고 투명한 편이다. 스테이블코인의 글로벌 점유율이나 거래량이 늘어난다는데, 일반인 입장에서는 충분히 체감되지 않는다.

주식시장이나 코인시장이 스테이블코인 정책 변화나 기업의 기조 변화에 따라서 크게 변동성을 보이고 있어서 혹자는 또 하나의 트렌드일 뿐이라고 비판한다. 특히나 국내 암호화폐 및 블록체인 업계는 NFT의 가치 폭락, ICO, 폰지사기 등으로 얼룩진 전적이 있어서 비판적인 입장이 거센 편이다. 그렇다면 스테이블코인은 정말로 하나의 유행처럼 지나가는 기술 트렌드일 뿐일까?

이 책에서는 스테이블코인의 탄생 배경과 발전 과정, 그리고 궁극적으로 스테이블코인으로 무엇을 할 수 있을지에 대해 고찰해보려고 한다. 이 책이 금융이나 블록체인 전문가뿐만 아니라 배경지식이 전혀 없는 독자들도 쉽게 이해하고, 나아가서 무엇을 준비해야 할지 내다볼 수 있는 길잡이가 되기를 바란다.

2025년 9월

권용진

## 차례

추천의 글     4

들어가며     도대체 스테이블코인이 뭐길래     6

## 1부   내 돈인데 내 돈이 아니다

1. 10만 원 상품권이 9만 5천 원인 이유     18
2. 앱에 찍힌 100만 원, 정말 내 돈이 맞을까?     24
3. 스타벅스 캐시로 병원비를 내지는 못한다     30
4. 페이 머니는 비용이 없을까?     35
5. 은행에 있는 돈도 내 돈이 아니다?     39
6. 전 세계 공통 은행이 없는 이유     44
7. 전 세계를 잇는 금융 네트워크, 이더리움의 탄생     53

**2부** **이메일 보내듯 송금이 쉬워진다면**

- ⑧ "지갑 주소 있으세요?" 62
- ⑨ 계좌 없는 17억 인구, 처음 금융을 만나다 75
- ⑩ 국가가 내 돈을 빼앗아 갈 때 86
- ⑪ 그들은 왜 월급을 다 달러로 바꾸는 걸까? 101
- ⑫ 누구도 가져갈 수 없는 디지털 현금 110
- ⑬ 디지털 지갑 하나에 모든 자산을 담는다면 115

## 3부 스테이블코인이 일상이 된다면

- ⑭ 법은 멀고 변호사비는 비싸다 — 126
- ⑮ '돈 값아'라는 말이 사라진 세상 — 131
- ⑯ 계주가 도망갈 수 없는 '유리상자 계모임' — 137
- ⑰ 깡통전세는 이제 그만 — 143
- ⑱ 내 다짐이 돈이 되는 '약속 통장' — 148
- ⑲ 내 돈이 밤새 일하게 하는 법 — 154
- ⑳ 노래 한 곡을 30초만 듣고 5원만 낸다? — 161
- ㉑ 동네 빵집에 1만 원 투자하고 매일 배당받기 — 166
- ㉒ 게임 속 '전설의 검'을 맡기고 실제 돈을 빌리다 — 172
- ㉓ 돈이 지능을 가졌을 때 우리는 무엇을 얻는가 — 179
- ㉔ 왜 지금 금융 앱스토어인가 — 186

**4부** **스테이블코인, 정말 좋기만 할까?**

㉕ 테라-루나가 남긴 교훈  196

㉖ 송금은 빨라졌는데 왜 수수료는 더 비쌀까?  202

㉗ 모든 거래가 영원히 기록된다는 공포  208

㉘ 국제 범죄와 자금세탁의 온상  214

㉙ 코드 한 줄의 실수로 전 재산을 날린다  223

㉚ 보이지 않는 중앙은행, 국가 경제를 뒤흔든다  230

## 5부 우리는 무엇을 준비해야 하는가

- 31  트럼프의 귀환과 스테이블코인의 시대 — 238
- 32  모든 기업이 은행이 된다 — 252
- 33  중앙은행의 딜레마: CBDC냐 스테이블코인이냐 — 260
- 34  스테이블코인 시대에 나의 자산을 지키려면 — 270
- 35  비트코인 캐지 말고 곡괭이를 팔아라 — 276
- 36  천천히, 그러나 지금 시작하라 — 283

**마치며**  2035년 서울의 평범한 하루 — 292

**참고문헌** — 297

## 1부

# 내 돈인데
# 내 돈이 아니다

# 10만 원 상품권이 9만 5천 원인 이유

우리는 매일 다양한 디지털 머니를 마주하며 살아간다. 스타벅스 앱에 충전된 잔액부터 토스나 카카오페이의 머니, 지류 형태의 도서 상품권이나 신세계 상품권까지 그 형태도 다양하다. 심지어 항공사 마일리지, 게임 아이템, 특정 지역에서만 사용 가능한 '서울사랑상품권' 같은 지역 화폐도 일종의 디지털 머니다.

그런데 이 모든 '돈'들이 동일한 가치를 지니지는 않는다. 대표적인 예가 상품권이다. 10만 원짜리 신세계 상품권을 현금으로 교환하려고 하면, 온라인 상품권 거래소나 백화점 앞의 상품권 매입처에서 9만 5천 원, 때로는 그 이하의 가격에 거래된다. 5천 원은 어디로 사라진 걸까?

이 가치는 증발된 것이 아니라, 시장에서 결정된 현금과 상품권 가치의 차이다. 이 가격 차이는 바로 '네트워크의 한계'가 만들어내는 비용 때문에 발생한다. 즉, 해당 돈을 얼마나 많은 곳에서, 얼마나 자유롭게 쓸 수 있느냐에 따라 그 가치가 달라지는 것이다. 신세계 상품권은 신세계 그룹의 '네트워크' 안에서는 현금과 동일한 효력을 발휘한다. 신세계백화점, 이마트, 스타벅스, 스타필드 등 수많은 가맹점에서 10만 원의 가치를 온전히 인정받는다. 하지만 이 네트워크에서 한 발자국만 벗어나는 순간, 신세계 계열사가 아닌 다른 곳에서는 상품권은 그것으로 아무것도 할 수 없는 그저 인쇄된 종이에 불과하다.

## 사라진 5천 원은 어디로 갔을까?

그렇다면 이 상품권을 현금으로 바꿔주는 매입처들은 왜 존재하는 걸까? 그들은 자선사업가가 아니다. 사라진 5천 원의 본질을 이해하려면, 이 중간상들의 입장에서 생각할 필요가 있다. 그들이 9만 5천 원을 주고 10만 원 상품권을 매입하는 순간, 그들은 세 가지 종류의 리스크와 비용을 대신 떠안는다.

첫째, 재고 리스크다. 매입처의 금고에는 현금 대신 상품권이 쌓인다. 이 상품권은 당장 다른 용도로 사용할 수 없는 비유동자산(회계상 1년 이내에 현금화가 어려운 자산)이다. 만약 상품권을 사려는 손님이 나타나지 않으면, 이 돈은 사용할 수 없이 그대로 묶인다. 1억 원어치 상품권을 매입했다면, 9천 5백만 원의 현금이 다른 용도로 활용되지 못하고 종이 뭉치에 갇히는 것이다. 상품권이 아니라 현금으로 가지고 있었다면 다른 곳에 투자해 얻었을 기회비용이 발생한다.

둘째, 시세 변동 리스크다. 상품권의 할인율은 고정되어 있지 않다. 명절 직후처럼 공급이 쏟아져 나오면 할인율은 더 커지고, 반대로 기업의 선물 수요가 몰리면 할인율이 줄어든다. 5% 할인율로 매입한 상품권의 시세가 다음날 7%로 바뀌면 중간상은 손해를 본다. 그들은 이 가격 변동성을 예측하고 관리해야 하는 부담을 진다.

셋째, 유통 및 처리 비용이다. 상품권을 다시 현금화하거나 다른 고객에게 판매하기까지는 보관, 관리, 거래의 과정이 필요하다. 위조 상품권이 아닌지 감별해야 하고, 온라인 거래 시에는 배송비도 발생한다. 이 모든 과정에는 눈에 보이지 않는 비용이 발생한다.

사라진 5천 원은 상품권의 사용처 제약이라는 불편함을 감수하는 대신 즉각적인 현금성을 원하는 사용자가 이 모든 리스크와 마찰 비용을 중간상에게 지불하는 대가다. 중간상은 이 5% 안팎의 마진을 수익원으로 삼아 리스크를 전문적으로 관리하며 사업을 영위한다. 그들은 네트워크와 네트워크 사이의 '틈'에서 발생하는 비효율을 비즈니스 기회로 삼는 것이다.

## 마일리지를 현금으로 바꾸기 어려운 이유

이러한 네트워크의 경계는 더 정교한 형태로도 존재한다. 항공사 마일리지는 얻기는 쉽지만 빼기는 어려운, 출구가 좁은 네트워크의 전형이다. 항공 서비스나 마일리지 적립 신용카드를 이용하면 저절로 마일리지가 적립되지만, 이를 현금으로 인출할 수 있는 방법은 없다. 그래서 출구가 좁다는 표현을 쓴 것이다. 이 가치를 실현할 수 있는 경로는 항공사가 정해놓은 보너스 항공권이나 좌석 승급 등 극히 제한적인 상품에 한정된다.

제한된 사용처를 벗어나 이 마일리지를 현금화하려는 시도는 비공식적인 경로를 통할 수밖에 없다. 이를 테면, 온라인 커뮤니티에서 타인에게 항공권을 대신 발권해주고 돈을 받는 식이다. 하지만 이는 개인정보를 타인에게 공유해야 하고, 발각 시 이용약관 위반으로 마일리지가 몰수될 위험을 수반한다. 이 과정에서 마일리지는 통상적인 가치보다 훨씬 큰 폭으로 할인된다. 네트워크를 벗어나는 비공식적인 경로의 높은 리스크가 그대로 가격에 반영되는 것이다.

게임머니의 세계는 하나의 잘 짜인 '자체 경제 시스템'이다. 게임 회사는 자사의 서버라는 생태계 안에서만 통용되는 화폐(메소, 다이아 등)를 발행한다. 유저들은 시간을 투자해 이 게임머니를 얻고, 이를 통해 게임 내에서 활동한다. 게임사는 이용약관을 통해 원칙적으로 이 재화와 현실 화폐의 교환을 금지한다. 유저의 노력으로 얻은 자산이지만,

그 처분 권한은 해당 네트워크의 규칙에 의해 제약을 받는 구조다.

아이템 중개 사이트는 이러한 제약 속에서 유저들의 필요에 의해 형성된 2차 시장이다. 아이템매니아, 아이템베이 같은 웹사이트는 게임 내 재화를 현실의 가치로 바꾸고 싶은 유저와, 이를 매입해 다른 유저에게 판매하려는 전문 판매자들이 만나는 공간이다. 여기서 활동하는 전문 판매자들은 계정 정지의 위험을 안고, 아이템의 시세 변동에 대응하며 재고를 관리한다. 그들이 얻는 시세차익과 수수료는 이러한 2차 시장에서의 리스크를 감당하는 데 대한 보상이다.

## 왜 지원금을 현금이 아니라 지역화폐로 줄까?

어떤 네트워크는 사용자에게 명확한 금전적 혜택을 주며 참여를 유도하기도 한다. 서울사랑상품권이나 각종 지역화폐가 대표적인 사례다. 정부나 지자체는 10만 원을 충전하면 11만 원을 쓸 수 있게 해주는 등 추가 혜택을 제공한다. 이는 표면적으로는 이득이다. 하지만 이 정책의 핵심 목표는 사용자의 구매력을 특정 지역이라는 네트워크 안에 집중시키는 것이다.

지역화폐는 해당 지역 내의 소상공인 가맹점에서만 사용할 수 있고, 대형마트나 백화점, 온라인 쇼핑몰에서는 사용이 제한된다. 즉, 정부는 보조금이라는 비용을 지불함으로써 자본이 다른 지역이나 대기업 네트워크로 유출되는 것을 막고 지역 내에서 순환하도록 유도

한다. 소상공인을 지원하되 직접 현금을 주는 방식이 아니라 소비라는 경제활동을 통해 지원하려는 의도다. 사용자는 10%의 혜택을 얻는 대신, 사용처가 제한되는 불편함을 감수하는 상호 간의 트레이드오프trade-off 관계다. 이는 네트워크의 경계를 유지하기 위해 비용(보조금)이 어떻게 활용되는지를 보여주는 사례다.

언급한 신세계 상품권, 항공사 마일리지, 게임머니, 지역화폐는 모두 동일한 원리로 작동된다. 세상은 보이지 않는 수많은 금융 네트워크들로 나뉘어 있다. 한 네트워크 내의 자산을 범용성이 더 높은 현금 등의 다른 자산으로 바꾸려 할 때는 마찰 비용과 리스크가 발생하며, 할인이라는 형태로 그 비용을 지급한다.

## ② 앱에 찍힌 100만 원, 정말 내 돈이 맞을까?

네트워크의 비용은 할인율이나 수수료처럼 눈에 보이는 형태로만 존재하지 않는다. 더 근본적이고 보이지 않는 비용이 있는데, 바로 발행자에 대한 '종속성'이다. 이 종속성이야말로 '분명 내 돈인데, 왜 내 마음대로 할 수 없는가?'라는 질문에 대한 핵심적인 답변이다.

앞서 설명했듯, 우리가 특정 기업의 앱에 돈을 충전하는 순간, 법적으로 돈의 소유권은 해당 기업으로 넘어간다. 그 대가로 우리는 기업의 서버, 즉 '디지털 장부'에 기록된 숫자를 받는다. 이는 본질적으로 해당 기업이 나에게 빚을 졌다는 일종의 차용증이다. 이 순간, 당신은 돈의 소유자에서 해당 기업의 채권자로 지위가 바뀐다. 이 간단한 사실을 인지하지 못하면, 우리는 수많은 디지털 머니가 가진 내재적 위험을 간과하게 된다.

채권자가 되었다는 말은, 내 돈의 운명이 나의 의지가 아닌 채무자, 즉 기업의 경영 상태와 결정에 따라 좌우된다는 뜻이다. 이 신용에 대한 종속성은 보통 3단계의 과정을 거치며 그 위험을 드러낸다.

## 1단계: 주인이 규칙을 바꿀 때

신뢰 관계는 긍정적인 경험에서 시작된다. 기업은 파격적인 할인율이나 편리한 경험을 제공하며 사용자를 유혹한다. 이 편리함과 혜택을 누리는 동안 '이 회사가 이걸 어떻게 감당하지?'라는 근원적인 질문은 자연스럽게 희석된다. 신뢰는 이렇게 무의식적인 의존 속에서 쌓여간다.

하지만 가장 흔하게 마주하는 첫 번째 위험은, 발행자가 일방적으로 '게임의 규칙'을 바꾸는 상황이다. 가장 단순한 규칙 변경은 포인트나 마일리지의 '유효기간'이다. 기업은 '1년 동안 사용하지 않으면 소멸된다'는 규칙을 통해, 사용자의 동의 없이 그 가치를 합법적으로 삭제할 수 있다. 현금 1만 원은 10년이 지나도 1만 원이지만, 기업의 장부 속 숫자는 사용하지 않았음에도 특정 시점이 되면 0으로 바뀐다.

여기서 한 단계 더 나아가면 '약관 변경'이라는 카드가 있다. 2023년, 한국의 대표적인 상품권 플랫폼인 '컬쳐랜드'는 수많은 제휴처 중 하나였던 특정 페이 서비스와의 연동을 갑자기 중단했다. 많은 사용자들은 컬쳐랜드 상품권을 충전해 해당 페이 서비스로 전환한 뒤, 온라인 쇼핑몰 등에서 현금처럼 사용하는 것을 주된 목적으로 삼고 있었다. 하지만 단 한 번의 공지로 이 경로가 막히자, 사용자들의 손에 남은 '컬쳐캐시'는 이전보다 사용범위가 줄어든, 즉 가치가 하락한 자산이 되어버렸다. 사용자들은 이 결정에 아무런 항의도, 거부권도 행사할 수 없었다. 네트워크의 주인이 사업상 판단에 따라 규칙을 바꾸면, 그 네트워크에 종속된 사용자들은 그저 따를 수밖에 없다. 내 돈의 사용처와 가치가 네트워크 주인의 정책 변경 한 번으로 결정되는 것이다.

## 2단계: 주인의 지갑 사정이 악화될 때

규칙 변경이 사용성의 '불편함'을 낳는 수준이라면, 발행자의 재무 건전성 악화는 내 돈의 '존재' 자체를 위협한다.

2024년 이커머스 플랫폼 '티몬'에서 발생한 정산 지연 사태를 기억하는가? 티몬은 자사 플랫폼에서 물건을 판매한 판매자들에게 대금을 제때 지급하지 못하는 유동성 위기를 겪었다. 이는 판매자들과의 문제였지만, 영리한 소비자들은 즉시 불안감을 느꼈다. '판매자에게 줄 돈도 없는 회사가 발행한 티몬캐시는 과연 안전한가?'라는 합리적인 의문이 제기된 것이다.

티몬캐시 역시 고객이 충전한 돈을 기반으로 티몬의 장부에 기록된 숫자에 불과하다. 회사의 현금 흐름이 막혔다는 것은, 최악의 경우 고객이 "내 캐시를 환불해달라"라고 요청했을 때 환불해줄 현금이 부족할 수 있다는 신호다. 티몬에 묶인 판매 대금은 판매자의 돈이지만, 티몬캐시는 고객의 돈이다. 하지만 그 돈의 지급 능력은 모두 '티몬'의 재무 상태에 달려 있다. 이처럼 발행자의 리스크는 곧 그 네트워크 안에서 돈을 보관하고 있는 모든 사용자의 리스크로 전이된다. 우리는 특정 기업의 앱에 돈을 충전하는 순간, 그 기업의 재무제표를 함께 짊어지는 '운명 공동체'가 되는 것이다.

### 3단계: 주인이 사라질 때

가장 치명적인 단계는 발행 기업 자체가 사라지는 것이다. 내가 받은 차용증을 써준 주체가 사라진다면, 그 증서는 아무 효력이 없어진다.

2021년 대한민국을 뒤흔든 '머지포인트 사태'는 이 비극을 보여준 사건이다. 머지포인트는 '대형마트, 편의점, 카페 등 전국 수만 개 가맹점에서 20% 상시 할인'이라는 파격적인 조건을 내걸었다. 소비자들은 8만 원을 내면 10만 원어치의 '머시머니'를 충진할 수 있었고, 이는 마치 마법과 같은 혜택으로 보였다. 수많은 사람들이 적게는 수십만 원에서 많게는 수백만 원까지 머지머니를 충전했다.

하지만 이 사업 모델은 처음부터 지속 불가능한 구조였다. 20%

의 할인 비용을 감당할 수 있는 수익 구조 없이, 신규 가입자가 낸 돈으로 기존 가입자의 할인 금액을 메우는 방식이었던 것이다. 결국 자금난에 봉착한 머지포인트는 어느 날 갑자기 사용 가능 가맹점을 수십 개로 대폭 축소했고, 곧이어 환불 중단을 선언했다.

이 소식이 알려지자, '디지털 뱅크런,' 즉 '포인트런'이 발생했다. 사용자들은 자신의 머지머니가 휴지조각이 되기 전에 한 푼이라도 더 쓰기 위해 남은 가맹점으로 몰려들었고, 앱은 접속 폭주로 마비되었다. 수많은 사람들이 앱 화면에 찍힌 잔액을 그저 바라만 보며 발을 동동 굴러야 했다. 그들이 '내 돈'이라고 믿었던 그 숫자가, 사실 파산 직전인 회사의 서버에 기록된 허상에 불과했기 때문이다. 피해액은 1천억 원대에 달했지만, 사용자들이 돌려받을 길은 요원했다. 이는 예금자보호법의 적용을 받는 은행 예금과 달리, 사기업이 발행한 디지털 포인트는 기업이 망하면 한 푼도 돌려받지 못한다는 사실을 만천하에 알렸다.

결론적으로, 우리가 편리함의 대가로 기업의 디지털 머니를 이용할 때, 우리는 단순히 수수료를 지불하는 것이 아니다. 내 자산에 대한 통제권, 즉 '금융 주권'의 상당 부분을 발행자에게 넘기는 것이다. 현금을 내 손에 쥐고 있는 것은 그 가치에 대한 통제권을 내가 갖는다는 의미다. 반면, 기업의 앱에 돈을 충전하는 것은 내 돈의 가치, 사용규칙, 심지어 존재 여부까지 그 기업의 손에 맡기는 것과 같다. 우리는 편리함을 얻는 대신, 발행자의 신용 상태를 끊임없이 점검해야 하고, 그들이 정한 규칙의 변경에 순응해야 하며, 최악의 경우 그들의 실패와 함께 내 자산의 증발을 감수해야 하는 것이다.

# ③
# 스타벅스 캐시로 병원비를 내지는 못한다

---

신용 종속성이 발행 주체의 '의지'와 '능력'에 관한 문제라면, 기술적 종속성은 내 돈이 특정 기업의 폐쇄적인 데이터베이스 안에 '데이터' 형태로 존재하기 때문에 발생하는 구조적 한계다. 이는 내 돈에 대한 물리적, 기술적 통제권이 나에게 없다는 의미다. 아무리 믿을 만한 회사가 발행한 디지털 머니라 할지라도, 이 기술의 감옥에서는 자유로울 수 없다.

### 고립된 섬에 갇힌 포인트들

스타벅스 서버에 기록된 '10,000'이라는 숫자는 오직 스타벅스의 결제 시스템하고만 대화할 수 있도록 프로그래밍되어 있다. 택시를 타고 스타벅스 앱의 잔액을 보여주며 결제해달라고 할 수 없는 이유는, 택시의 결제 단말기가 스타벅스의 데이터베이스에 접속해서 내 잔액을 조회하고 차감할 권한도, 기술적 방법도 없기 때문이다. 두 시스템은 서로의 언어를 이해하지 못하는 두 외국인과 같다.

이 문제는 우리 스마트폰 안에서 매일같이 일어나고 있다. 화면을 넘겨보자. CJ ONE, 해피포인트, L.POINT, 현대카드 M포인트 등 수많은 앱들이 각자 몇백 원, 몇천 원씩의 포인트를 품고 있다. 이 파편화된 자산들을 모두 합치면 커피 한두 잔 값은 족히 될지 모른다. 하지만 이들을 한데 모아 쓸 방법은 존재하지 않는다. 각 포인트는 각자의 서버라는 고립된 섬에 갇혀 있기 때문이다. 사용자는 5천 원짜리 빵을 사기 위해, 한 앱에서 4천 원을 결제하고 나머지 천 원은 다른 앱의 포인트를 쓰는 식의 '분할 결제'를 할 수 없다. 그 결과 수많은 포인트들이 사용되지 못한 채 유효기간이 지나 소멸된다. 분명 나의 자산임에도 불구하고 기술적인 파편화 때문에 그 가치를 온전히 활용하지 못하는 것이다.

앞서 언급했던 항공사 마일리지 역시 마찬가지다. 대한항공 마일리지와 아시아나 마일리지는 둘 다 똑같은 '마일'이라는 단위를 사용하시만, 이를 합쳐서 보너스 항공권을 구매하는 것은 불가능하다. 심지어 같은 항공 동맹체에 속해 있어 일부 사용은 가능하더라도, 1대 1 교환이나 통합은 결코 허용되지 않는다. 각자의 데이터베이스가 서로에게 굳게 닫혀 있는, 완벽한 '디지털 사일로Silo'인 셈이다.

## 내 돈에 대한 접근도 허락이 필요하다?

내 돈에 접근하는 행위조차 전적으로 기업의 허락과 그들의 기술 인프라에 의존한다. 내 지갑 속 현금은 내가 원할 때 언제든 꺼내 쓸 수 있지만, 디지털 머니는 수많은 기술적 관문을 통과해야만 사용을 '허락'받을 수 있다.

가장 흔한 예는 서버 점검이나 앱의 오류다. 스타벅스 매장 계산대 앞에서 길게 줄을 서 있는데, 내 차례에 앱이 '서버 점검 중입니다'라는 메시지를 띄운다고 상상해보자. 내 앱에 수십만 원의 잔액이 있어도 나는 커피 한 잔 살 수 없다. 장부에 기록된 내 돈에 접근할 수 있는 유일한 다리가 네트워크 주인의 사정으로 끊겼기 때문이다.

로그인 문제는 더 일상적인 장벽이다. 비밀번호를 잊었거나, 통신사 인증이 제대로 되지 않거나, 혹은 해외에서 접속했다는 이유로 로그인이 막히는 순간, 내 돈은 그림의 떡이 된다. 내 돈을 쓰는 데 나 자신임을 증명하는 과정의 열쇠를 내가 아닌 기업이 쥐고 있는 것이다.

모바일 상품권, 소위 '기프티콘'의 경험도 마찬가지다. 편의점에 기프티콘을 들고 갔지만, 매장의 바코드 스캐너가 고장 났거나 구형이라 바코드를 인식하지 못하면 결제는 불가능하다. 분명 유효한 상품권이지만, 그것을 읽어줄 '기술'이 없다는 이유만으로 내 자산은 일시적으로 가치를 상실한다. 이 모든 상황은 내 돈에 대한 접근권이 나의 소유권에 기반한 것이 아니라, 기업이 제공하는 기술의 원활한 작동을 전제로 한 '조건부 권리'임을 보여준다.

## 내가 가진 건 소유권이 아니라 사용권이었다

더 근본적인 문제는 데이터의 통제권이 한곳에 집중되어 있다는 점이다. 모든 거래 기록과 잔액 정보가 기업의 중앙 서버에만 저장되기 때문에, 그 데이터는 발행자의 통제 아래 놓인다.

이런 현상은 데이터의 '위변조 가능성'을 내포한다는 위험이 있다. 물론 신뢰도 높은 대기업이 고객들의 잔액을 악의적으로 조작할 가능성은 낮다. 하지만 외부 해킹 공격이나 시스템 오류로 데이터가 손상되거나 변질될 위험이 항상 존재한다. 만약 시스템 오류로 내 잔액이 '0'으로 표시되었을 때, 나는 어떻게 그것이 오류임을 증명할 수 있을까? 유일한 원본 장부를 가진 주체는 바로 그 기업뿐이다. 우리는 그들이 오류를 인지하고 친절하게 복구해주기만을 기대해야 한다. 독립적으로 검증하거나 이의를 제기할 수단이 없다.

이러한 중앙화된 통제는 게임 세계에서 더 노골적으로 나타난다. 게임 회사는 이용약관을 근거로, 사용자의 게임머니나 아이템을 언제든 압수하거나 수정, 삭제할 수 있다. 인공지능이 당신의 정상적인 거래 활동을 '작업장(다수의 컴퓨터에 프로그램을 설치해 온라인게임의 아이템이나 사이버머니를 모으는 행위)'으로 오인하여 계정을 정지시키더라도, 당신은 그 알고리즘의 판단에 속수무책으로 당할 수밖에 없다. '나의 재산'이라고 생각했던 것이, 사실은 '회사의 서버를 잠시 빌려 쓰는 데이터'에 불과했음을 깨닫게 되는 순간이다.

 기술적 종속성은 보이지 않는 벽과 같다. 이 벽은 우리의 디지털 자산을 각 기업의 영토 안에 가두고(호환성 부재), 그 영토에 들어가는 관문을 통제하며(접근의 허가), 영토 안의 모든 규칙을 주인이 마음대로 정하는(중앙화된 통제) 방식으로 작동한다. 이는 신용 문제와는 또 다른 차원에서, 우리의 금융 주권을 제약한다.

 그렇다면 상품권이 아닌 순수한 '디지털 머니'들은 어떨까? 카카오페이 머니, 네이버페이 포인트, 페이팔 캐시 같은 것들 말이다. 우리는 보통 이런 디지털 머니를 다른 사람에게 양도하거나 현금으로 거래하는 일이 드물기 때문에 그 가치 하락을 잘 체감하지 못한다. 10만 원을 송금하면 상대방은 정확히 10만 원을 받고, 결제할 때도 아무런 할인이 없다. 이건 가치가 보존되는 안전한 돈이 아닌가?

 결론부터 말하면, 비용은 사라지지 않았다. 다만 그 형태를 교묘하게 바꾸어 우리 눈에 보이지 않게 만들었을 뿐이다. 근본 원리는 상품권과 똑같다. 카카오페이 머니는 카카오페이 결제가 가능한 네트워크에서만 유효하며, 이를 완전한 현금으로 바꾸려면 원칙적으로 비용이 발생한다.

## 4
# 페이 머니는 비용이 없을까?

### 보이지 않는 비용 1: 누군가가 대신 내주는 돈

우리가 카카오페이로 친구에게 수수료 없이 송금하고, 네이버페이 포인트로 쇼핑몰에서 편리하게 결제하는 이 모든 과정에는 사실 작지 않은 비용이 발생한다. A의 계좌에서 B의 계좌로 돈이 움직이기 위해서는 결국 은행과 금융결제원이 구축한 결제망을 이용해야 하고, 여기에는 당연히 망 이용료가 발생한다.

그렇다면 이 비용은 누가 내는가? 바로 카카오와 네이버 같은 핀테크 기업들이다. 이는 기업들이 자선사업을 하기 때문이 아니다. 현재 한국의 많은 핀테크 기업들은 고객 유치 경쟁의 일환으로 이러한 출금 및 송금 수수료를 대신 내주고 있다. '무료'라는 강력한 미끼로 사용자를 자신의 네트워크 안에 가둬두고, 그들의 결제 데이터를 얻기 위한 마케팅 전략인 것이다. 우리가 느끼는 '무료'의 편리함은 사실 기업이 마케팅 비용으로 감당하고 있는 착시현상에 가깝다.

이 전략은 한국 시장에서 특히 더 공격적으로 나타나는데, 경쟁이 그만큼 치열하기 때문이다. 반면, 미국의 페이팔이나 벤모Venmo 같은 서비스는 내 계정의 돈을 은행 계좌로 즉시 이체하려면 어김없이 3~4달러의 수수료를, 때로는 금액에 따라 20~30달러까지 부과하기도 한다. '네트워크 이동 비용'을 사용자에게 직접 청구하는 것이다. 한국의 '무료'는 기업들이 언젠가 거둬들일 더 큰 이익을 위해 비용을 대신 감당해주고 있어서 가능한 것이다.

## 보이지 않는 비용 2: 데이터와 금융 주권

디지털 머니는 그 돈을 발행한 기업의 데이터베이스에 종속된다. 예를 들어, 스타벅스 앱에 1만 원을 충전하는 순간, 그 돈은 한국은행이 발행한 실물 화폐가 아니라 '에스씨케이컴퍼니'라는 회사의 서버에 저장된 '디지털 장부'상 숫자로 존재한다. '신정규 고객 잔액: 10,000원'이라는 기록이 추가되는 것이다. 이 기록은 오직 스타벅스만이 접근하고 변경할 수 있으며, 다른 어떤 은행이나 기관도 임의로 입출금하거나 잔액을 바꿀 수 없다. 나의 돈은 이제 스타벅스라는 특정 기업과 그들이 허용한 네트워크에 갇힌 것이다. 이는 마치 과거 광산회사가 직원들에게 월급 대신 회사 상점에서만 쓸 수 있는 상품권을 나눠주던 것과 유사하다. 카카오페이, 네이버페이, 쿠팡머니 등 우리에게 익숙한 모든 디지털 머니가 동일한 구조를 가지고 있다.

기업들이 막대한 마케팅 비용을 쓰면서까지 우리를 자신의 네트워크에 묶어두려는 진짜 이유는, 이 종속적인 구조를 통해 더 큰 가치를 얻기 위함이다. 우리가 지불하는 '보이지 않는 비용'은 바로 이것이다.

첫 번째 비용은 '데이터'다. 당신이 언제, 어디서, 무엇을 구매하고, 누구와 돈을 주고받는지에 대한 모든 정보는 기업의 서버에 차곡차곡 쌓인다. 이 데이터는 정보산업의 원유와 같다. 기업은 이 데이터를 분석해 당신의 소비 성향에 맞는 광고를 보여주고, 새로운 금융상품을 추천하며, 미래의 신용도를 평가하는 모델을 만든다. 우리는 수수료를 내는 대신, 우리의 모든 금융 동선과 사생활의 일부를 기업에게 넘겨주는 딜Deal을 하고 있는 것이다.

두 번째이자 더 중요한 비용은 바로 '금융 주권의 제약'이다. 머지포인트 사태 이후, 핀테크 기업들은 '전자금융거래법'에 따라 고객이 충전한 돈을 외부 은행에 별도로 예치해야 하는 등 밉직 안진징치가 마련되었다. 덕분에 기업이 파산해도 돈이 증발할 위험은 크게 줄었다. 하지만 이 안전함이 곧 내 돈에 대한 완전한 '소유권'을 의미하지는 않는다.

당신의 페이 계좌에 1억 원이 있어도, 당신은 그 돈을 한번에 다른 곳으로 옮길 수 없다. '1회 이체 한도 200만 원', '1일 이체 한도 1,000만 원'과 같은 제약이 걸려 있다. 이는 분명 내 돈임에도 불구하고, 네트워크 관리자인 플랫폼 기업이 자신들의 리스크 관리를 위해 나의 자산 처분권을 일방적으로 제한하는 것이다. 또한, 사기 거래 등 비정상적인 거래로 의심되면 플랫폼은 언제든 당신의 계정을 동결시킬 수 있다.

결론적으로, 카카오페이와 네이버페이의 '무할인, 무수수료' 정책은 비용이 없는 것이 아니라, 그 비용의 성격이 바뀐 것이다. 우리는 과거처럼 5%의 명시적인 수수료를 내는 대신, 나의 데이터를 제공하고, 특정 플랫폼에 종속되며, 내 돈을 사용하는 방식에 대한 여러 제약을 감수하는 방식으로 그 비용을 치르고 있다. 우리는 편리함이라는 달콤한 과실을 얻는 댓가로 금융 주권의 일부를 플랫폼 기업에게 넘겨주고 있는 셈이다.

## 5
# 은행에 있는 돈도 내 돈이 아니다?

이제 가장 근본적인 질문에 도달했다. 그렇다면 우리가 가장 신뢰하고 보편적으로 사용하는 '은행'은 어떨까? 상품권이나 포인트와 달리, 은행 계좌이체는 아무런 할인도 불편도 없는 완벽한 시스템처럼 보인다. 사람들은 은행의 편리함에 익숙해진 나머지, 여기에 어떤 위험이 있을 수 있다는 생각 자체를 하지 않는다.

하지만 결론부터 말하자면, 그렇지 않다. 현재의 은행 시스템은 앞서 말한 스타벅스 캐시의 확장판일 뿐이다. 이 사실을 이해하기 위해서는, 잠시 시간을 거슬러 올라갈 필요가 있다.

## 은행도 한때는 고립된 섬이었다

놀랍게도, 불과 30~40년 전만 해도 은행 시스템은 지금의 디지털 머니들과 본질적으로 크게 다르지 않았다. 각 은행은 자신들만의 독립된 전산망, 즉 '금융 인트라넷Intranet'을 가지고 있었다. A은행 고객의 입출금 내역과 잔고는 오직 A은행의 서버에만 기록되었고, B은행 고객의 정보는 B은행 서버에만 존재했다. 이 두 개의 데이터베이스는 서로 정보를 주고받을 수 없었다.

따라서 A은행 고객이 B은행 고객에게 돈을 보내는 것은 지금처럼 간단한 일이 아니었다. 1980년대만 해도 다른 은행으로 돈을 보내려면 '타행환'이라는 복잡한 절차를 거쳐야 했다. 예를 들어 당신은 지방에 있는 가족에게 송금을 하기 위해 반차를 내고 A은행 지점을 방문한다. 번호표를 뽑고 한참을 기다린 뒤, 창구에 앉아 여러 겹의 카본지로 된 송금신청서를 수기로 꾹꾹 눌러 쓴다. 받는 사람의 이름, 계좌번호, 금액을 한 글자라도 틀리면 처음부터 다시 써야 한다. 당신이 현금과 함께 신청서를 제출하면, 은행 직원은 이를 취합해 전신Telex이나 팩스로 B은행의 담당 지점에 보낸다. 그러나 돈은 바로 가지 않는다. 은행들은 하루에 한 번 정해진 시간에 서로 주고받을 돈을 모아 한꺼번에 정산했다.

이 모든 과정에는 많은 인력과 시간이 소요되었고, 작지 않은 송금수수료가 발생했다. 지금은 상상하기 어렵지만 은행 창구에서 몇

천 원의 수수료를 내고, 돈이 도착하기까지 몇 시간, 심지어 하루 이상 기다리는 것이 당연한 시절이 있었다.

## 독립된 네트워크들을 연결한 공통의 약속

은행들 역시 이러한 비효율을 모를 리 없었다. 결국 은행들은 서로의 '인트라넷'을 연결하기 위한 공동의 약속, 즉 통신규약을 만들기 시작했다. 한국에서는 모든 은행이 공동으로 출자하여 설립한 금융결제원이라는 기관이 그 중심 역할을 했다.

금융결제원은 은행 간 자금 결제를 위한 공동 전산망, 즉 '은행공동망'을 구축했다. 이는 마치 각기 다른 택배 회사들이 '통합 물류센터'를 만들어 서로의 택배를 효율적으로 교환하는 것과 같다. 모든 은행이 이 망에 접속하여 표준화된 방식으로 송금 요청 데이터를 주고받도록 약속한 것이다.

덕분에 오늘날 A은행 앱에서 B은행으로 송금 요청을 보내면, 이 요청은 금융결제원의 공동망을 통해 즉시 B은행에 전달되고, 각 은행의 서버에 기록된 고객의 잔고(디지털 숫자)가 실시간으로 바뀐다. 그리고 은행들은 하루 동안 서로 주고받은 거래 내역 전체를 정산하여 실제 자금을 한 번에 주고받음으로써 효율을 극대화했다. 이러한 혁신적인 시스템 덕분에 한국은 송금수수료가 거의 무료에 가까운 '금융 IT 강국'이 되었다.

## 잘 짜인 왕제, 그러나 여전한 주권의 문제

그렇다면 현재의 은행 시스템은 네트워크의 한계에서 완전히 자유로워졌을까? 과거에 비해 편리해지긴 하였으나 본질은 그대로다. 내가 가진 신한은행 계좌의 잔고 100만 원은, 대한민국이라는 영토 안에서 통용되는 보편적인 '돈'이 아니라, '신한은행'이라는 특정 기업의 서버에 1,000,000이라는 숫자로 기록된 신한은행 포인트에 가깝다. 이 포인트는 한국의 금융공동망 안에서 다른 은행 포인트와 1대 1로 교환이 보장될 뿐이다.

네트워크의 통제와 주권의 문제는 여전히 우리 일상에 깊숙이 들어와 있다. 밤 11시 55분, 야식 배달을 시키고 결제하려는 순간 '은행 점검 시간으로 인해 거래가 불가능합니다'라는 메시지를 마주하는 경험은 사소한 불편함으로 치부할 수 있다. 하지만 이는 내 돈이 내 의지가 아닌, 은행의 스케줄에 따라 사용이 정지될 수 있음을 보여주는 단적인 예다.

내 돈에 접근하는 과정은 더 복잡하다. 우리는 은행 앱에 접속하기 위해 온갖 복잡한 인증 절차를 거치는 것을 당연하게 여긴다. 공동인증서, 금융인증서, 보안카드, 그리고 이제는 구형이 된 OTP 생성기까지. 내 돈이 담긴 금고를 열기 위해, 내가 직접 열쇠를 쓰는 것이 아니라, 은행이라는 경비원이 정해놓은 여러 개의 암호를 차례대로 대야만 문을 열어주는 식이다. 열쇠의 설계와 관리 권한을 은행이 쥐고 있는 것이다.

더 강력한 통제는 거래 한도에서 드러난다. 내 통장에 10억 원이 있어도, 나는 하루에 그 돈을 전부 옮길 수 없다. 1회 이체 한도, 1일 이체 한도라는 보이지 않는 족쇄가 채워져 있다. 이는 분명 내 돈임에도 불구하고, 네트워크 관리자인 은행이 자신들의 리스크 관리를 위해 나의 자산 처분권을 일방적으로 제한하는 것이다.

단적인 예는 계좌 지급정지다. 보이스피싱 등 범죄에 연루되었다는 신고 한 통이면, 수사기관의 요청에 따라 은행은 내 계좌를 동결시킬 수 있다. 범죄 예방을 위해 필요한 조치지만, 이는 역으로 특정 주체가 나의 동의 없이 나의 전 재산에 대한 접근을 차단할 수 있음을 의미한다. 나의 소유권은 절대적인 것이 아니라, 네트워크 관리자의 허락 하에 유지되는 조건부 권리에 불과한 것이다.

결국 국내 은행 시스템의 편리함은 '대한민국 금융망'이라는 '인트라넷' 안에서의 이야기일 뿐이다. 이 네트워크의 경계를 벗어나 해외로 돈을 보내려 하면, 우리는 비로소 네트워크의 장벽을 실감하게 된다. 미국 아마존Amazon에서 물건을 사려고 할 때, 내 신한은행 계좌번호를 입력해서 직접 결제할 수 없다. 비자Visa나 마스터카드Mastercard같은 국제 결제 네트워크를 거쳐야만 한다. 갑자기 몇난 원에 딜하는 비씬 수수료가 등장하고, 돈이 도착하는 데 며칠씩 걸리는 구시대적인 경험을 하게 되는 것이다. 이 거대한 장벽 앞에서, 우리는 비로소 우리가 속한 은행 시스템 역시 또 하나의 닫힌 네트워크였음을 깨닫게 된다.

## 6

# 전 세계 공통 은행이 없는 이유

상품권의 가치를 높이려면 어떻게 해야 할까? 사용할 수 있는 곳, 즉 호환되는 네트워크가 많아질수록 그 가치는 현금에 가까워진다. 신세계 상품권이 다른 백화점 상품권보다 비교적 높은 가치를 인정받는 이유는 이마트, 스타벅스 등 막강한 제휴 네트워크를 확보했기 때문이다. 은행도 마찬가지다. 내 은행 계좌의 잔고가 다른 네트워크에서 통용되지 않는다면 그 가치는 떨어진다. 그래서 은행들은 수많은 다른 네트워크와 연결하기 위해 노력했고, 그 결과물이 바로 금융결제원의 '은행공동망'이었다.

당연히 이러한 노력은 국내를 넘어 전 세계를 하나의 네트워크로 연결하려는 시도로 이어졌다. 하지만 그 결과는 반쪽짜리 성공에 그쳤다. 바로 스위프트SWIFT라고 불리는 국제 은행 간 통신 협정이다.

많은 사람들이 스위프트를 국제 송금 시스템 그 자체로 오해하시만, 이는 착각이다. 사실 스위프트는 돈을 직접 보내는 시스템이 아니다. 은행끼리 "A은행이 B은행으로 천 달러를 보내주세요"라는 내용의 표준화된 메시지, 즉 디지털화된 전보를 주고받는 통신망에 불과하다.

실제 돈은 이 메시지를 해석한 은행들이 각자의 장부를 대조하고, 중간에서 다리 역할을 하는 여러 '중개은행Correspondent Bank'을 거치면서 매우 복잡하고 느리게 이동한다. 한국의 우리은행에서 독일의 작은 지방 은행으로 100달러를 보낸다고 상상해보자. 우리은행과 독일 소도시의 한 은행은 서로 계좌를 트고 있는 사이가 아닐 가능성이 99%다. 따라서 우리은행은 먼저 국제적인 씨티은행이나 JP모건 같은 곳에 메시지를 보낸다. 그러면 중개은행은 수수료를 공제한 다음 최종 목적지인 독일 지방 은행과 거래하는 또 다른 유럽의 거대 은행(도이치방크 등)으로 다시 메시지를 보내고, 여기서 다시 수수료를 뗀 뒤에야 비로소 돈이 도착한다.

이 과정은 마치 여러 명의 심부름꾼이 릴레이로 쪽지를 전달하며 저마다 통행세를 떼어가는 것과 같다. 게다가 송금하는 시점에는 최종적으로 얼마가 도착할지 정확히 알 수 없다. 중간에서 어떤 은행이 얼마의 수수료를 뗄지 모르기 때문에, 100달러를 보냈는데 70달러만 도착하는 황당한 일이 비일비재하게 일어난다. 시차와 휴일이 겹치면 송금에 일주일 이상이 걸리기도 한다.

이는 인터넷 시대 이전에 존재했던 인트라넷과 정확히 같은 구조다. 1980년대에는 전 세계의 연구소나 군대, 대기업들이 각자 내부에서만 사용하는 폐쇄적인 PC 통신망이나 이메일 시스템을 운영했다. A기업의 인트라넷에서는 이메일 주소를 id@a-company 형식으로 썼고, B기업에서는 b-company/id 같은 전혀 다른 방식을 사용했다. 이 두 네트워크는 서로 언어가 달라 정보 교환이 불가능했다.

그런데 HTTP나 TCP/IP 같은 통일된 '인터넷 프로토콜(규약)'이 등장하면서, 전 세계의 모든 인트라넷이 서로 정보를 주고받을 수 있는 인터넷이 탄생했고, 정보통신의 역사는 폭발적으로 발전했다. 우리는 이제 네이버 메일에서 구글 지메일로, 혹은 그 반대로 아무런 제약 없이 이메일을 주고받는다. 어떤 통신사를 쓰든, 어떤 기기를 쓰든 상관없이 말이다.

하지만 금융은 아직까지도 전 세계를 하나의 망으로 묶는 진정한 '금융 인터넷'을 만들지 못했다. 왜 인터넷은 성공했는데, 금융은 실패했을까? 가장 큰 이유는 '가치'의 특성 때문이다. 정보는 무한히 복사해도 원본이 사라지지 않지만, 돈은 복사되는 순간 그 가치를 잃어버린다. 이를 '이중지불 문제'라고 한다. A에게서 B로 1만 원을 보냈다면, A의 계좌에서는 반드시 1만 원이 '사라져야만' 한다. 이 과정의 무결성을 보장하려면 매우 높은 수준의 신뢰와 보안이 필요하다. 단순히 정보를 주고받는 것과는 차원이 다른 문제이며, 각국의 복잡한 정치적, 법적 이해관계까지 얽혀있기 때문에 지난 수십

년간 누구도 진정한 금융 인터넷을 만들지 못했던 것이다.

## 금융 인터넷은 왜 실패했는가?

우리는 정보의 인터넷 시대에 살고 있다. TCP/IP*라는 통일된 규약 위에서, 전 세계의 컴퓨터는 국경이나 통신사에 상관없이 자유롭게 데이터를 주고받는다. 이 위대한 발명 덕분에 인류는 이메일, 월드와이드웹World Wide Web, 스트리밍, 소셜미디어 등 과거에는 상상도 못했을 혁신을 이뤄냈다.

그렇다면 당연히 이런 질문이 뒤따른다. 정보가 아닌 '가치', 즉 돈을 위한 인터넷은 왜 등장하지 못했을까? 왜 우리는 여전히 스위프트라는, 1970년대에 설계된 전보 시스템에 의존해 국제 송금을 하고 있을까?

앞서 언급한 '이중지불 문제'라는 기술적 난제는 그 이유의 일부일 뿐이다. 그 이면에는 기술보다 더 근본적인 세 개의 장벽이 존재했다. 바로 '국가의 주권', '은행의 수익', 그리고 '현실의 복잡성'이라는 이름의 장벽이다.

---

* 인터넷을 포함한 네트워크상에서 컴퓨터들이 서로 소통하기 위한 프로토콜들의 집합

### 첫 번째 장벽: 국가의 주권

가장 넘기 어려운 장벽은 정치적인 문제, 즉 국가의 주권이다. 돈은 단순한 교환 수단이 아니라 국가가 경제를 통제하고 주권을 행사하는 도구다. 중앙은행은 통화의 발행량을 조절하고 금리를 결정하며 통화정책을 편다. 경기가 과열되면 금리를 올려 시중의 돈을 흡수하고, 침체기에는 돈을 풀어 경기를 부양한다.

만약 돈이 실시간으로 국경을 넘나드는 금융 인터넷이 존재한다면, 국가의 통화 주권이 무너질 수 있다. 인플레이션 조짐이 보이면, 국민들은 순식간에 자국 화폐를 팔고 안정적인 다른 나라의 화폐나 자산으로 바꿔버릴 것이다. 이는 자본 유출로 이어져 국가 경제를 마비시킬 수 있다. 많은 국가들이 '외환관리법'이나 '자본 통제' 같은 제도를 통해 외화의 유출입을 통제하는 이유가 바로 여기에 있다.

현재의 국제 금융 시스템은 미국 달러를 중심으로 움직인다. 미국은 달러와 스위프트 망을 통해 전 세계 금융의 흐름을 들여다보고, 마음에 들지 않는 국가나 단체를 제재하는 권력을 행사한다. 현 시스템의 가장 큰 수혜자인 미국이 굳이 자신의 패권을 내려놓고, 모두에게 공평한 중립적인 금융 인터넷의 탄생을 지지할 이유가 전혀 없다.

## 두 번째 장벽: 은행의 수익

두 번째 장벽은 경제적인 문제다. 현재 국제 송금 시스템의 비효율성은 누군가에게는 엄청난 수익원이다. 바로 거대 은행들이다. 국제 송금 과정에 등장하는 수많은 중개 은행들은 저마다 통행세, 즉 수수료를 떼어간다. 또한 고객이 원화를 달러로 바꿀 때, 은행은 실제 시장 환율이 아닌 자신들에게 유리한 환율을 적용하여 그 차이(환전 스프레드)를 이익으로 챙긴다. 전 세계적으로 보면 이는 수십, 수백조 원에 달하는 거대한 시장이다.

더 교묘한 수익 모델도 있다. 송금이 며칠씩 걸리는 동안, 고객의 돈은 공중에 떠 있는 것이 아니라 은행의 계좌에 머물러 있다. 은행들은 이 '떠 있는 돈Float'을 모아 하루짜리 초단기 상품에 투자하여 막대한 이자를 벌어들인다. 만약 송금 속도가 실시간 수준으로 빨라진다면, 은행의 이 수입원들은 하룻밤 사이에 사라져버릴 수도 있다.

결국 현재 시스템의 불편함과 비싼 수수료는 은행의 핵심 수익 모델과 직결된다. 은행들은 막대한 이익을 포기하면서까지, 모든 것을 투명하고 효율적으로 만드는 금융 인터넷을 구축할 아무런 동기가 없다.

## 세 번째 장벽: 현실의 복잡성

마지막 장벽은 현실적인 문제다. 설령 모든 국가와 은행이 대승적으로 합의한다 해도, 이를 구현하는 것은 상상 이상으로 복잡하다.

세계 200여 국가는 각기 다른 금융 규제와 법률을 가지고 있다. 자금세탁방지, 고객확인제도, 테러자금조달방지에 대한 기준이 모두 다르다. A국가에서는 합법인 거래가 B국가에서는 불법일 수 있다. 이 모든 국가의 법을 동시에 만족시키는 단 하나의 글로벌 금융 프로토콜을 만드는 것은 사실상 불가능에 가깝다.

데이터 표준화 역시 거대한 난제다. 사람의 이름을 표기하는 방식, 주소를 적는 형식, 개인을 식별하는 번호 체계가 나라마다 전부 다르다. 이 모든 것을 아우르는 통일된 데이터 모델을 설계하고 합의하는 과정은 기술적인 문제를 넘어, 외교적인 문제로까지 확산될 수 있다.

금융 인터넷의 실패는 기술이 부족해서가 아니었다. 통제권을 지키려는 국가의 정치적 의지, 비효율의 틈에서 이익을 얻는 은행들의 경제적 동기, 그리고 전 세계의 법과 제도를 하나로 묶는 것의 현실적인 어려움이라는 세 개의 벽이 그 앞을 막아섰기 때문이다. 기존 시스템은 그 모든 불편함에도 불구하고, 가장 강력한 플레이어인 국가와 거대 은행들의 이해관계를 너무나도 잘 만족시키고 있었던 것이다.

## 언제든 빼앗길 수 있다는 두려움

중앙화된 금융 네트워크의 문제는 단순히 비싼 수수료나 느린 속도에 그치지 않는다. 더 근본적인 문제는 네트워크의 자신의 의지에 따라 네트워크를 통제하고 사용자를 검열할 수 있다는 점이다.

대표적인 사례가 국제 정치 무대에서 벌어진 스위프트 퇴출이다. 2022년, 미국과 서방 국가들은 러시아의 우크라이나 침공에 대한 제재로 러시아 주요 은행들을 스위프트 망에서 퇴출시켰다. 이는 러시아가 국제 무역대금을 결제하고 해외 자산을 처분할 길을 사실상 막아버린, '금융 핵무기'에 비견되는 조치였다. 이 사건은 특정 국가나 세력이 마음만 먹으면 한 나라의 경제를 전 세계 금융 시스템에서 완전히 고립시킬 수 있음을 보여주었다.

이러한 통제는 국제 정치뿐만 아니라 우리 개인의 삶에도 깊숙이 들어와 있다. 정부가 재난지원금이나 청년지원금을 '클린카드' 형태로 지급하는 것을 생각해보자. 이 카드는 유흥업소나 사행성 업종에서는 결제가 불가능하도록 막혀 있다. 정부가 정책적 목적을 위해 개인의 소비 활동을 직접 통제하고 검열하는 것이다. 마찬가지로, 해외의 작은 온라인 쇼핑몰에서 물건을 사다가 '안전하지 않은 거래'라는 이유로 카드 결제가 거부당한 경험이 있을 것이다. 이는 내가 원해도 카드사라는 네트워크 주인이 허락하지 않으면 거래를 할 수 없음을 의미한다.

더 나아가, 네트워크의 주인은 때로 사회적, 정치적 판단을 근거로 특정 개인이나 단체의 돈줄을 막아버리기도 한다. 예를 들어, 미국의 일부 결제 플랫폼은 특정 정치적 성향을 가진 단체의 후원금 모금을 막거나, 성인 콘텐츠 제작자의 계정을 정지시키는 등의 조치를 취하기도 한다. 이는 명백한 합법의 영역에 있는 활동일지라도, 플랫폼의 '이용약관'이나 '위험관리 정책'이라는 이름 아래 자금 흐름이 차단될 수 있음을 보여준다. 나의 금융 활동이 법이 아닌, 특정 사기업의 자의적인 규칙에 의해 심판 받을 수 있는 것이다.

심지어 내 돈을 내가 인출하는 과정조차 주인의 허락을 받아야 한다. 고액의 현금을 인출하려면 우리는 은행에 미리 통보해야 하고, 창구에서 수많은 서류에 자금의 출처와 용도를 소명해야 한다. 은행은 자금세탁방지라는 명목 아래 우리의 자산 처분권을 심사하고 통제할 권한을 가진다.

이처럼 주인이 있는 네트워크에서 사용자는 진정한 의미의 '소유자'가 아니다. 언제든 규칙이 바뀔 수 있고, 접근이 제한될 수 있으며, 심지어는 네트워크에서 쫓겨날 수도 있는 '사용자'일 뿐이다. 우리의 금융 주권은 생각하는 것만큼 온전하지 않다. 우리는 그저 거대한 네트워크의 규칙을 따르는 조건하에, 잠시 돈을 사용하도록 허락받은 것에 불과할지도 모른다.

# 7

# 전 세계를 잇는 금융 네트워크, 이더리움의 탄생

지금까지의 이야기를 정리해보자. 우리는 신세계 상품권이 신세계 네트워크를 벗어나는 순간 가치가 하락하는 '네트워크 비용'을 목격했다. 스타벅스 캐시부터 페이 머니까지, 우리의 돈이 사실은 특정 기업의 장부에 기록된 숫자에 불과하며, 그들의 기술과 신용에 종속되어 우리의 주권이 제약되는 현실을 확인했다. 심지어 가장 안전하다고 믿었던 은행 시스템조차 국가라는 거대한 경계 안에서만 작동하는 잘 짜인 인트라넷에 불과하며, 그 안에서도 수많은 통제와 제약이 존재함을 알게 되었다.

결국 이 모든 문제의 근원은 하나로 귀결된다. 우리의 모든 금융 활동이 '주인'이 있는 네트워크 위에서 이루어지기 때문이다. 그 주인이 신세계 그룹이든, 카카오든, 혹은 국가와 결탁한 은행 연합이든,

주인은 자신의 이익을 위해 네트워크의 규칙을 정하고, 그 경계를 넘으려는 자에게 비용을 청구하며, 때로는 사용자의 주권을 제약한다.

그렇다면 이 모든 문제를 해결할 방법은 없을까? 특정 기업이나 국가가 통제하지 않는, 그래서 네트워크의 경계 자체가 없는, 전 세계 누구나 공평하게 접속하고 사용할 수 있는 중립적인 금융 네트워크를 만들 수는 없는 걸까?

## 네트워크 주인이 없는 금융 인터넷의 등장

이러한 배경 속에서 2015년, 이더리움Ethereum이 등장했다. 많은 사람들은 이더리움을 비트코인 다음으로 비싼 암호화폐 정도로만 알고 있다. 하지만 이더리움의 진정한 혁신은 '코인' 그 자체가 아니라, 앞서 던진 질문에 대한 최초의 기술적 답변을 제시했다는 점에 있다. 특정 국가나 기업의 통제 없이 전 세계 누구나 접속하고 프로그램을 실행할 수 있는, 누구의 소유도 아닌 중립적인 글로벌 금융 네트워크를 구현한 것이다.

이것을 이해하기 위해 우리가 매일 쓰는 인터넷을 떠올려보자. 인터넷은 누가 소유하고 있을까? 구글? 미국 정부? SK텔레콤? 정답은 '아무도 소유하지 않는다'이다. 인터넷은 특정 회사의 서비스가 아니라, 전 세계의 컴퓨터들이 서로 정보를 주고받기 위해 함께 따르기로 약속한 공동의 규칙(프로토콜)이다. 이 규칙 위에서 구글은 검색엔진을 만들고, 우리는 네이버 메일에서 구글 지메일로 자유롭게 메일을 보낸다. 어떤 회사도 마음대로 인터넷을 차단하거나 이메일 프로토콜을 없앨 수 없다.

이더리움은 바로 이 인터넷과 같다. 다만 정보를 주고받는 규칙이 아니라, '가치(돈)'를 주고받는 규칙을 제공한 것이다. 이더리움은 금융을 위한 운영체제Operating system와 같다. 과거 컴퓨터 초창기 시절, 애플 컴퓨터용 프로그램은 IBM 컴퓨터에서 직동되지 않았고, 그 반대도 마찬가지였다. 각자의 폐쇄적인 OS를 썼기 때문이다. 기존 금융이 바로 이와 같다. 신한은행의 금융 서비스는 국민은행의 시스템과 직접 호환되지 않고, 미국의 은행 시스템과 한국의 은행 시스템은 전혀 다른 언어를 쓴다.

이더리움은 이 모든 것을 아우르는 하나의 거대한 '금융 인터넷'의 기반을 제시했다. 이 네트워크에는 국경도, 주주도, CEO도 없다. 누구 한 명이 전원을 끌 수 없고, 마음대로 내용을 바꿀 수도 없다. 예를 들어, 케냐의 한 청년 개발자가 전 세계를 상대로 한 소액 대출 서비스를 만들고 싶다고 상상해보자. 기존 방식대로라면 그는 케냐의 은행과 파트너십을 맺고, 각국의 금융 규제를 통과하고, 비싼 서버를 구축해야 한다. 사실상 불가능에 가깝다. 하지만 이더리움 위에서는 그저 '스마트 컨트랙트Smart contract'라는 코드를 작성해 올리기만 하면 된다. 그러면 그의 서비스는 다음 순간부터 서울, 뉴욕, 런던의 사용자들이 즉시 이용할 수 있는 글로벌 금융상품이 된다. 어떤 은행이나 정부의 허락도 필요 없다. 이것이 바로 '주인 없는 네트워크'의 의미다.

## 이더리움은 단지 코인이 아니다

여기서 한 가지 의문이 생긴다. 주인이 없다면 이 거대한 글로벌 네트워크는 어떻게 유지되고 운영될까? 자원봉사자들의 선의만으로 가능할까? 여기에 바로 이더리움이라는 암호화폐가 등장한다. 이더리움의 역할을 이해하기 위해, 이더리움 네트워크를 전 세계를 잇는 거대한 통신망 회사, 예를 들어 SK텔레콤이나 미국의 버라이즌Verizon 같은 인프라 회사라고 상상해보자.

우리가 스마트폰으로 데이터를 쓰면 통신사에 요금을 낸다. 마찬가지로, 누군가 이더리움 네트워크 위에서 송금을 하거나 금융 프로그램을 실행하려면 그 사용료를 지불해야 한다. 이더리움은 바로 이 네트워크를 사용하는 데 필요한 일종의 '연료' 또는 '통신요금'이다. 우리가 통신사에 내는 요금은 회사의 이익과 인프라 유지에 쓰인다. 하지만 이더리움 네트워크에 지불되는 요금은 특정 회사의 주머니로 들어가는 것이 아니다. 그 요금은 네트워크를 실제로 유지하고 보호하는, 전 세계에 흩어져 있는 수천수만 대의 컴퓨터 운영자들에게 보상으로 직접 돌아간다. 덕분에 네트워크는 중앙 관리자 없이도 24시간 365일 안정적으로 작동한다.

동시에 이더리움은 이 '주인 없는 인프라 회사'의 주식과도 같은 성격을 가진다. 만약 이더리움 네트워크가 더 많은 사람들에게 유용한 금융 서비스를 제공하고, 그 위에서 더 많은 거래가 일어난다면 어떻게 될까? 당연히 네트워크를 사용하려는 수요가 늘어나고, 연료인 이더리움의 가치도 함께 올라간다. 즉, 이더리움을 보유하는 것은 이 글로벌 금융 인프라의 미래 가치에 투자하는 것과 같다. 만약 인터넷 프로토콜 자체를 주식처럼 소유할 수 있었다면, 구글과 아마존이 등장하면서 그 가치가 얼마나 올랐을지 상상해보라.

하지만 중요한 점은, 이더리움의 가격 변동이 이 이야기의 핵심이 아니다. 핵심은 '특정 주체의 허락 없이도 누구나 사용할 수 있는 글로벌 금융 인프라가 탄생했다'는 사실이다.

## 스타벅스 캐시로 교보문고에서 책을 살 수 있다?

이 새로운 운영체제 위에서 개발자들은 온갖 실험을 하기 시작했다. 그중 가장 혁신적인 시도는 게임 아이템, 디지털 포인트, 마일리지 같은 다양한 자산들을 '토큰'이라는 표준화된 형태로 만들어 국경을 초월해 자유로이 교환하는 것이었다.

여기서 '토큰'은 비교하자면 마치 카지노의 칩과 같다. 현금을 특정 규칙을 따르는 칩으로 바꿔서 게임에 참여하듯, 다양한 자산을 이더리움 네트워크에서 통용되는 표준화된 디지털 증표로 만든 것이다.

이 토큰들은 모두 'ERC-20'이라는 동일한 기술 표준을 따른다. 이는 마치 전 세계 모든 신용카드가 동일한 크기와 마그네틱 선 규격을 가져서 어떤 카드 단말기에서도 작동하는 것과 같다. 또는 모든 전자기기의 충전 단자가 'USB-C' 타입으로 통일된 것과도 비슷하다. 표준이 있기에 호환성이 생긴다.

이 호환성이 어떤 변화를 가져오는지 예를 들어보자. 현재 우리의 포인트들은 각 기업의 서버에 갇혀 있다. 대한항공 마일리지와 아시아나 마일리지는 합칠 수 없고, 스타벅스 캐시로 교보문고에서 책을 살 수도 없다. 각자의 인트라넷에서만 통용되는, 서로 말이 통하지 않는 데이터 조각일 뿐이다.

하지만 만약 이 회사들이 포인트를 이더리움의 토큰으로 발행하면 어떻게 될까? 이 모든 포인트들은 기업의 서버가 아닌, 나의 개인 디지털 지갑에 보관된다. 이제 자산의 주인은 기업이 아니라 나 자신이 된다. 그리고 이 토큰들은 모두 같은 언어(ERC-20)를 쓰기 때문에, 우리는 주인 없는 인터넷 환전소에 가서 '대한항공 토큰'을 '스타벅스 토큰'으로 즉시 교환할 수 있다. 항공사나 카페의 허락은 필요 없다. 마치 명동 환전소에서 달러를 엔화로 바꾸듯, 시장이 정해준 환율에 따라 자유롭게 교환하는 것이다.

게임 아이템의 세계에서는 이 개념이 더욱 뚜렷해진다. 내가 어떤 게임에서 천 시간을 들여 얻은 전설의 검은 사실 내 것이 아니다. 게임 회사의 서버에 기록된 데이터일 뿐이고, 회사는 언제든 이 칼을 삭제하거나 능력을 바꿀 수 있다. 게임이 서비스를 종료하면 검은 그냥 사라진다. 하지만 이 검이 이더리움 토큰으로 발행되었다면, 이야기는 완전히 달라진다. 그 검은 게임사의 서버가 아닌 내 지갑에 존재하는, 나의 자산이 된다. 게임이 사라져도 내 검은 사라지지 않는다. 나는 이 검을 다른 사람에게 팔 수도 있고, 담보로 돈을 빌릴 수도 있으며, 심지어 다른 게임 개발자가 원한다면 그 게임에서 이 검을 사용하게 할 수도 있다.

이것은 기존 금융이 결코 넘지 못했던 '네트워크의 벽'을 허물고, 데이터의 소유권을 기업에서 개인으로 가져온 최초의 사례다. 그리고 기존의 금융 시스템이 가진 한계를 정면으로 돌파하고, 이 새로운 금융 인터넷을 모두가 쓸 수 있게 만들 가장 중요한 발명품이 등장하게 된다. 그것이 바로 스테이블코인이다.

# 이메일 보내듯
# 송금이 쉬워진다면

## 8

## "지갑 주소 있으세요?"

---

1995년, 서울의 한 무역회사 사무실. 김 부장은 뉴욕 바이어에게 계약서를 보내야 했다. 국제특급우편 DHL로 보내면 3일, 비용은 5만 원. 그런데 옆자리 신입사원이 말했다. "부장님, 이메일로 보내면 어떨까요? 1분이면 도착하고 무료예요."

김 부장은 반신반의했다. "그게 정말 가능해? 종이도 아닌데 법적 효력이 있을까? 해킹당하면 어떡해?" 하지만 젊은 직원의 시연을 본 후 충격을 받았다. 클릭 몇 번으로 수십 페이지의 계약서가 태평양을 건너 뉴욕 바이어의 컴퓨터 화면에 나타났다. 우표도, 봉투도, 기다림도 없었다.

2025년, 같은 사무실. 이제 김 부장의 아들인 김 대리가 뉴욕 바이어에게 샘플 대금 1,000달러를 받아야 한다. 은행 송금으로 3일, 수수료 30달러. 그런데 이번엔 뉴욕 바이어가 먼저 물었다. "혹시 이더리움 주소 있나요? USDC(서클이 발생하는 달러 스테이블코인)로 보내면 10분이면 도착하고 수수료 1달러도 안 되는데."

김 대리도 아버지와 똑같은 의심을 품었다. "그게 정말 안전해? 정부 보증도 없는데? 해킹 당하면 어떡해?" 하지만 스마트폰 화면에서 실시간으로 들어오는 1,000 USDC를 확인하고는 할 말을 잃었다. 불과 1분 만에, 수수료 0.8달러만 내고, 뉴욕에서 서울로 돈이 도착한 것이다.

30년의 시차를 두고 벌어진 이 두 장면은 놀라울 정도로 유사하다. 정보가 종이에서 디지털로 넘어갔듯, 이제 돈이 은행 장부에서 글로벌 네트워크로 넘어가고 있다.

## 금융 인터넷이 작동하는 방식

이런 혁명적인 송금이 어떻게 가능할까? 비밀은 '블록체인 네트워크'라는 새로운 금융 인프라에 있다. 그중에서도 가장 대표적인 것이 바로 앞에서 언급한 이더리움 네트워크다. 이더리움이 도대체 뭐길래 이런 일이 가능한 걸까? 쉽게 설명하면, 이더리움은 '전 세계가 함께 운영하는 거대한 금융 컴퓨터'다. 일반적인 은행 시스템과는 완전히 다른 방식으로 작동한다.

신한은행의 전산 시스템을 떠올려보자. 서버는 성남의 데이터센터 어딘가에 있을 것이다. 신한은행이 소유하고, 신한은행 직원만 접근할 수 있고, 신한은행이 정한 규칙대로만 작동한다. 서버를 끄는 것도, 규칙을 바꾸는 것도 신한은행의 권한이다. 만약 신한은행이 사라진다면? 그 안의 모든 기록도 함께 사라질 위험이 있다.

2013년, 당시 19살이었던 러시아계 캐나다인 프로그래머 비탈릭 부테린Vitalik Buterin은 완전히 다른 금융 시스템을 상상했다. '특정 기업이나 정부가 아닌, 전 세계 사람들이 함께 운영하는 금융 네트워크를 만들 수 없을까?'

그의 제안은 간단했다. 전 세계 수만 대의 개인 컴퓨터가 함께 하나의 거대한 금융 컴퓨터를 운영하자는 것이다. 서울의 대학생 컴퓨터도, 뉴욕의 회사원 컴퓨터도, 케냐의 농부 컴퓨터도 이 네트워크의 일부가 된다. 각자의 컴퓨터가 조금씩 계산 능력을 제공하고, 그 대가로 '이더리움'이라는 네트워크 사용료를 받는다.

중요한 점은 비탈릭이 이더리움 네트워크를 '소유'하지 않는다는 사실이다. 마치 팀 버너스리Tim Berners-Lee가 월드와이드웹을 발명했지만 인터넷을 소유하지 않는 것처럼. 이더리움은 전 세계 수만 명의 자발적 참여자들이 24시간 컴퓨터를 작동시킴으로써 유지된다. 누군가 컴퓨터를 끄면 다른 누군가가 그 역할을 대신한다. 그래서 단 한 순간도 멈추지 않는다.

이것은 마치 전 세계 사람들이 함께 운영하는 위키피디아 같은 것이다. 위키피디아는 특정 회사가 소유한 백과사전이 아니다. 전 세계 자원봉사자들이 함께 만들고 검증한다. 누군가 거짓 정보를 올려도 다른 사람들이 즉시 수정한다. 그래서 특정 국가나 기업이 마음대로 조작할 수 없다.

이더리움도 마찬가지다. 모든 거래 기록을 전 세계 수만 대의 컴퓨터가 동시에 보관한다. 누군가 조작하려 해도, 나머지 수만 대가 "그건 틀렸어"라고 거부한다. 신한은행 서버가 해킹당하면 신한은행 고객만 피해를 보지만, 이더리움을 해킹하려면 전 세계 수만 대 컴퓨터를 동시에 해킹해야 한다. 사실상 불가능하다.

## 제2, 제3의 블록체인 네트워크

한국에는 KT, SK텔레콤, LG유플러스가 있다. 미국에는 버라이즌, AT&T가 있다. 일본에는 NTT 도코모가 있다. 각 회사는 자신만의 통신망을 운영한다. 하지만 우리는 어떤 통신사를 쓰든 전 세계 누구와도 인터넷으로 연결될 수 있다.

블록체인 네트워크도 비슷하다. 초기에는 이더리움이 유일한 글로벌 금융 네트워크였다. 하지만 이제는 다양한 네트워크가 등장했다. 아비트럼Arbitrum, 베이스Base, 폴리곤Polygon, 솔라나Solana, 트론Tron 등. 마치 통신사가 여러 개 있듯, 블록체인 네트워크도 여러 개가 경쟁하며 발전하고 있다. 각 네트워크는 저마다의 특징이 있다. 어떤 네트워크는 속도가 빠르다. 어떤 네트워크는 수수료가 저렴하다. 어떤 네트워크는 보안이 더 강력하다. 사용자는 자신의 필요에 따라 네트워크를 선택할 수 있다. 마치 우리가 요금제나 통신 품질을 보고 통신사를 선택하는 것처럼.

그럼 이 거대한 네트워크를 사용하는 비용은 누가 낼까? 사용자가 낸다. 마치 통신비처럼. 이것을 가스비 Gas Fee라고 부른다. 이름이 재미있다. 왜 가스비일까? 자동차가 움직이려면 휘발유가 필요하듯, 블록체인 네트워크에서 거래를 하려면 '가스'가 필요하다는 의미다. 100달러어치의 스테이블코인을 보낼 때 1달러 정도의 가스비를 낸다. 이 가스비가 바로 네트워크를 운영하는 전 세계 컴퓨터 운영자들에게 보상으로 돌아간다.

가스비는 네트워크 상황에 따라 변한다. 마치 택시 요금이 심야에는 할증이 붙는 것처럼. 사용자가 많으면 올라가고, 적으면 내려간다. 급하면 가스비를 더 내고 빠르게 처리할 수도 있다.

## 전 세계 계좌번호가 이메일 주소처럼 통일된다

이런 글로벌 네트워크가 만들어낸 첫 번째 혁신이 바로 '전 세계 공통 계좌번호'다. 은행 계좌번호만큼 나라마다 제각각인 것도 없다. 한국은 '302-1626-0290-11' 같은 형식을 쓴다. 일본은 '銀行コード-支店コード-口座番号'로 세 부분으로 나뉜다. 미국은 더 복잡하다. 'Routing Number 021000021, Account Number

1234567890'처럼 두 개의 번호가 필요하다. 유럽은 또 다르다. 'IBAN DE89 3704 0044 0532 0130 00'이라는 34자리 알파벳과 숫자의 조합이다.

이 차이가 만들어내는 불편함은 상상 이상이다. 한국에서 미국으로 송금하려면, 먼저 받는 사람의 'Routing Number'가 뭔지 물어봐야 한다. 그게 뭔지 설명하는 데만 10분이 걸린다. "은행 고유번호예요. 통장에 안 나와 있으면 은행에 전화해보세요." 그다음은 '스위프트' 코드다. "그것도 있어야 해요? 그게 뭔데요?" 다시 설명이 시작된다.

더 황당한 건 이름이다. 한국의 은행은 '김철수'로 송금하는데, 미국 은행은 'Chul-Soo Kim'으로 받아야 한다. 가끔은 'Kim, Chul Soo'이어야 할 때도 있다. 띄어쓰기 하나, 하이픈 하나 때문에 송금이 반송되기도 한다. 돈이 공중에서 일주일간 떠돌다가 수수료만 빼고 돌아온다.

이런 혼란은 왜 생겼을까? 각 나라가 자기들만의 금융 시스템을 먼저 만들고, 나중에 억지로 연결하려 했기 때문이다. 마치 1990년대 PC통신 시절, 천리안 ID로는 하이텔에 접속할 수 없었던 것과 같다.

그런데 인터넷과 이메일이 등장하면서 모든 게 바뀌었다. 'someone@gmail.com'이라는 주소 하나로 전 세계 누구와도 소통할 수 있게 됐다. @ 앞에는 사용자명, @ 뒤에는 서비스 제공자. 이 간단한 규칙을 전 세계가 따르기로 약속한 것이다.

블록체인 네트워크가 가져온 발전이 바로 이것이다. 드디어 돈의 세계에서도 전 세계가 하나의 계좌번호 체계를 공유하게 된 것이다.

0x742d35Cc6634C0532925a3b844Bc9e7595f0bEd0

42자리의 알파벳과 숫자. 복잡해 보이지만, 이건 전 세계 어디서나 똑같은 의미를 갖는다. 서울의 개발자가 만든 지갑 주소나, 나이로비의 택시 운전사가 만든 주소나, 뉴욕의 월스트리트 은행가가 만든 주소나, 모두 같은 형식이다.

신한은행 계좌번호는 미국에서 못 쓰지만, 블록체인 지갑 주소는 이메일 주소 'someone@gmail.com'이 전 세계 공통인 것처럼 전 세계 어디서나 통한다.

### 복사-붙여넣기로 완성되는 송금 혁명

우리는 매일 수백 번 복사 Ctrl+C와 붙여넣기 Ctrl+V를 누른다. 텍스트를 복사하고, 링크를 복사하고, 이미지를 복사한다. 너무나 당연해서 이것이 얼마나 혁신적인 기능인지 잊고 산다.

송금의 세계는 어떨까? 요즘은 카카오톡으로 받은 계좌번호를 토스 앱에서 쉽게 입력할 수 있다. 한국 내에서는 송금이 꽤 편리해졌다. 하지만 국제 송금은 여전히 석기시대 수준이다. 블록체인 네트워크에서는 국제 송금 시에도 친구가 보내준 블록체인 지갑 주소 하나만 복사해서 붙여넣으면 끝이다. 은행명도, 지점 코드도, 스위프트 코드도, 주소도 필요 없다. 마치 이메일 주소나 전화번호를 복사-붙여넣기 하는 것처럼 간단하다.

QR코드는 더 편리하다. 상대방이 스마트폰 화면에 띄운 QR코드를 찍으면, 주소가 자동으로 입력된다. 마치 카페에서 QR코드로 와이파이 비밀번호를 입력하는 것처럼 간단하다. 케냐의 농부가 스마트폰으로 QR코드를 보여주면, 독일의 관광객이 즉석에서 스테이블코인으로 대금을 지불할 수 있다. 언어가 통하지 않아도, 은행 시스템이 달라도, 화폐가 달라도 상관없다.

## 24시간 주고 받을 수 있는 디지털 달러의 탄생

이런 블록체인 네트워크 위에서 탄생한 발명품이 바로 스테이블코인이다. 앞서 설명했듯 USDC, USDT 같은 스테이블코인은 1개당 1달러의 가치를 유지하는 디지털 화폐다.

스테이블코인을 쉽게 이해하려면 '전국 어디서나 쓸 수 있는 상품권'을 떠올리면 된다. 신세계 상품권은 신세계백화점에서만, 스타벅스 기프티콘은 스타벅스에서만 쓸 수 있다. 하지만 만약 전국 모든 가게에서 받아주는 상품권이 있다면? 그게 바로 스테이블코인이다.

더 정확히는 '전 세계 블록체인 네트워크에서 통용되는 달러 상품권'이다. USDC 하나로 이더리움에서도, 솔라나에서도, 아비트럼에서도 쓸 수 있다. 마치 삼성페이가 신한카드든 국민카드든 다 등록할 수 있는 것처럼, 스테이블코인도 여러 네트워크를 자유롭게 오간다.

이게 왜 혁명적일까? 지금까지 달러는 미국 은행 시스템 안에만 존재했다. 한국에서 달러를 쓰려면 환전을 해야 했고, 달러를 송금하려면 미국 은행을 거쳐야 했다. 하지만 스테이블코인은 다르다. 블록체인 네트워크만 있으면 전 세계 어디서나, 24시간 언제나 달러를 주고받을 수 있다.

## 24시간 365일, 지구는 결코 쉬지 않는다

"뉴욕은 지금 몇 시야?"

해외로 전화할 때 우리가 늘 하는 질문이다. 시차를 계산하는 건 국제 비즈니스의 일상이다. 하지만 은행 거래를 할 때는 시간뿐 아니라 요일과 공휴일까지 확인해야 한다.

금요일 오후 6시, 긴급하게 미국으로 송금해야 하는 상황. 은행 직원의 대답은 늘 같다. "지금 보내시면 한국 시간 월요일에 처리되고, 미국 현지 월요일 오전에 입금됩니다." 주말 내내 돈은 어디에 있는 걸까? 공중에 떠 있는 것도 아니고, 은행 서버 어딘가에 '대기' 상태로 머물러 있다.

각국의 공휴일도 체크해야 한다. 한국은 평일인데 미국이 추수감사절이면? 송금 중단. 미국은 평일인데 한국이 추석이면? 역시 중단. 양쪽 다 평일이어도 중간 경유 은행이 있는 나라가 공휴일이면? 또 중단이다.

"중국 국경절이라 일주일 동안 송금이 안 됩니다." 중국과 거래하는 한국 기업들이 매년 10월에 듣는 말이다. 라마단 기간의 중동, 골든위크의 일본, 디왈리 축제의 인도…. 전 세계와 거래하는 기업들은 각국의 달력을 모두 외워야 한다.

블록체인 네트워크는 이 모든 제약에서 자유롭다. 설날 새벽 3시든, 크리스마스 정오든, 중국 국경절이든, 이슬람 금요기도 시간이든 상관없다. 네트워크는 1초도 쉬지 않고 돌아간다.

어떻게 가능할까? 블록체인은 특정 국가의 달력을 따르지 않기 때문이다. 전 세계 수만 대의 컴퓨터가 동시에 작동한다. 한국의 컴퓨터가 쉬면 미국의 컴퓨터가, 미국이 쉬면 유럽이, 유럽이 쉬면 아시아가 일한다. 지구는 둥글고, 어디선가는 항상 낮이다.

이것은 인터넷과 정확히 같은 원리다. 구글이 추수감사절이라고 검색이 안 되던가? 넷플릭스가 일본 골든위크라고 스트리밍을 중단하던가? 인터넷이 24시간 작동하듯, 블록체인 네트워크도 24시간 작동한다. 즉 그 위에서 움직이는 스테이블코인 송금도 24시간 가능하다.

## 전 세계에서 통용되는 나만의 계좌

은행 계좌를 만들려면 신분증을 들고 은행에 가야 한다. 미성년자라면 부모 동의서가 필요하다. 외국인이라면 비자, 거주증명서, 재직증명서까지 요구받는다. 심지어 어떤 나라에서는 계좌 개설 자체가 거부되기도 한다.

기업 계좌는 더 복잡하다. 사업자등록증, 법인등기부등본, 인감증명서, 주주명부…. 서류 뭉치를 들고 은행을 몇 번이나 방문해야 한다. 해외 법인 계좌를 만들려면 현지에 직접 가야 하는 경우도 많다.

하지만 블록체인 지갑은? 이 지갑을 만드는 데는 아무런 허가가 필요 없다. 스마트폰에 앱을 깔고 '새 지갑 만들기'를 누르면 3초 만에 생성된다. 이름도, 주민번호도, 신분증도 필요 없다. 12개의 영어 단어(시드 문구)만 안전하게 보관하면 된다. 이 12개 단어가 당신의 금고 열쇠인 셈이다.

apple banana galaxy silver elephant forest guitar happy island jungle kiwi lemon

이런 식의 무작위 단어 조합이다. 이 단어들을 종이에 적어 금고에 보관하든, 암호화해서 클라우드에 저장하든, 그건 당신의 선택이다. 중요한 건 이 12개 단어만 있으면 전 세계 어디서든, 어떤 기기에서든 당신의 지갑에 접근할 수 있다.

난민캠프의 시리아 난민도, 은행이 없는 오지 마을 주민도, 신분증이 없는 미등록 이주 노동자도, 모두가 3초 만에 글로벌 금융 계좌를 만들 수 있다.

## 변화는 시작됐다

지금까지 살펴본 것은 빙산의 일각이다. 전 세계 공통 계좌번호, 복사-붙여넣기 송금, 24시간 작동하는 네트워크, 3초 만에 만드는 지갑, 이 모든 변화가 동시에 일어나고 있다.

1990년대 사람들은 이메일이 편지를 완전히 대체할 거라고 생각하지 못했다. "중요한 문서는 원본으로," "해킹 위험이 있어," "노인들은 못 써" 같은 우려가 많았다. 심지어 일부 기업들은 "이메일로 받은 계약서는 인정하지 않습니다"라고 공지하기도 했다.

지금은? 오히려 종이 편지가 특별한 경우가 됐다. 청첩장이나 특별한 초대장 정도나 종이로 보낸다. 계약서도 이메일로 주고받고, PDF에 전자시명을 하는 게 당연해졌다. 스테이블코인 송금도 같은 길을 가고 있다. "은행이 더 안전해," "정부가 보증해줘야지," "나이 드신 분들은 못 써" 같은 우려는 여전하다.

하지만 이미 변화는 시작됐다. 젊은 세대는 해외 송금할 때 "USDC

주소 있어?"라고 묻는다. 프리랜서들은 계약서에 은행 계좌 대신 지갑 주소를 적는다. 중고 거래를 할 때도 "USDT 받아요"라고 하는 사람이 늘어난다.

실제로 2025년 기준, 전 세계 스테이블코인 거래량은 하루 천 억 달러를 넘어섰다. 이는 많은 국가의 GDP를 넘는 규모다. 특히 달러 접근이 어려운 신흥국에서 스테이블코인은 이미 금융 도구가 됐다. 아르헨티나에서는 페소화 가치가 폭락할 때마다 사람들이 USDT로 달러를 확보한다. 나이지리아에서는 해외 송금 제한을 피해 USDC로 가족에게 돈을 보낸다. 우크라이나 전쟁 중에는 스테이블코인으로 긴급 구호 자금이 전달됐다.

물론 아직 대부분의 사람들은 여전히 은행을 신뢰하고 블록체인을 의심한다. 당연하다. 새로운 기술은 항상 의심과 두려움의 대상이다. 하지만 변화의 속도는 생각보다 빠르다. 이메일이 10년 만에 편지를 대체했듯, 스테이블코인 송금도 10년 안에 국제 송금의 상당 부분을 대체할 것이다. 이미 JP모건, 시티은행 같은 전통 금융기관들도 블록체인 기반 송금 시스템을 도입하고 있다.

30년 전 이메일을 처음 접했던 사람들처럼, 지금 스테이블코인을 쓰는 사람들은 미래를 미리 살고 있다. 그리고 그 미래는 생각보다 빠르게 현실이 되고 있다.

마치 "이메일 주소 있으세요?"가 당연한 인사말이 됐듯, "USDC 주소 있으세요?"가 일상적인 질문이 되는 날이 머지않다.

# 9

# 계좌 없는 17억 인구, 처음 금융을 만나다

## 은행 계좌 없이 살아가는 사람들

전 세계 17억 명. 이들에게는 우리가 당연하게 여기는 은행 계좌가 없다. 방글라데시 농촌의 일용직 노동자, 케냐의 소상공인, 필리핀의 가사 도우미들. 이들에게 '금융'이란 먼 나라 이야기였다. 은행 지점은 도시에만 있고, 계좌 개설에는 정식 신분증과 최소 예치금이 필요하다. 무엇보다 정기적인 소득을 증명해야 한다. 하루 벌어 하루 먹고사는 이들에게는 불가능한 조건들이다.

그런데 이제 이들의 손에도 스마트폰이 있다. 50달러짜리 중국산 저가 폰이지만, 인터넷은 된다. 그리고 인터넷만 되면 즉시 전 세계 어디서나 통용되는 디지털 지갑을 만들 수 있다. 신분증도, 최소 예치금도, 소득 증명도 필요 없다. 메타마스크Metamask 같은 지갑 앱을 다운로드하고 '새 지갑 만들기'를 누르면 끝이다.

생성되는 것은 0x로 시작하는 42자리 주소. 복잡해 보이지만, 이것은 전 세계 공통 계좌번호다. 서울에서 만들던, 나이로비에서 만들던, 다카에서 만들던 똑같은 형식이다. 이 주소 하나로 달러(USDT, USDC)를 받고, 보내고, 보관할 수 있다.

특히 주목할 만한 변화는 동남아시아에서 일어나고 있다. 필리핀 해외 근로자들, 이른바 OFW Overseas Filipino Workers는 전 세계에 천만 명이 넘는다. 이들이 본국으로 보내는 송금액은 연간 380억 달러, 필리핀 GDP의 8.3%를 차지한다.

전통적으로 이들은 웨스턴유니온Western Union이나 머니그램Moenygram 같은 송금 업체를 이용했다. 수수료는 평균 7%, 100달러를 보내면 93달러가 도착한다. 하지만 최근 급격한 변화가 일어나고 있다. 홍콩에서 일하는 필리핀 가사 도우미들 사이에서 USDT 송금이 빠르게 퍼지고 있는 것이다. 왜 하필 홍콩의 필리핀 가사 도우미들일까? 홍콩은 금융 중심지답게 암호화폐 인프라가 잘 갖춰져 있다. 동시에 30만 명이 넘는 필리핀 가사 도우미들이 일하고 있다. 이들은 대부분 일요일에 모여 정보를 교환한다. 센트럴의 스태츄스퀘어나 빅토리아파크에 가면 모여 있는 것을 볼 수 있다.

"USDT로 보내면 수수료가 1달러도 안돼요. 10분이면 도착하고요."

이런 정보가 입소문으로 퍼지면서, 이제는 고용주들도 USDT로 급여를 지급하는 경우가 늘고 있다. 홍콩 달러를 USDT로 바꾸는 환전소도 곳곳에 생겼다. 필리핀 현지에서도 USDT를 페소로 바꿔주는 환전소가 급증하고 있다.

## 유학생이 처음 겪는 문화충격

매년 8월, 미국 대학가는 유학생들로 북적이다. 4만 명 이상의 한국인 유학생이 미국에 거주 중이다. 이들이 미국 도착 후 가장 먼저 부딪히는 문제가 바로 은행 계좌 개설이다.

미국의 은행 시스템은 외국인에게 극도로 불친절하다. 먼저 SSN(소셜 시큐리티 넘버)을 받아야 한다. 학교에서 레터를 받아 소셜 시큐리티 오피스에 가서 신청하면 2~3주 후 우편으로 도착한다. 그제서야 은행에 갈 수 있는 '자격'이 생긴다.

하지만 이것도 시작일 뿐이다. 체이스Chase 은행은 초기 예치금 1,500달러를 요구한다. 뱅크오브아메리카Bank Of America는 주소 증명서를 요구하는데, 막 도착한 유학생이 무슨 공과금 청구서가 있겠는가. 체크카드는 또 우편으로 7~10일 후에 도착한다. 온라인 뱅킹 설정, PIN 번호 설정까지 하면 미국 도착 후 두 달은 지나야 제대로 된 금융 생활이 가능하다.

그 두 달 동안은 어떻게 살까? 한국에서 가져간 현금과 한국 신용카드에 의존한다. 문제는 수수료다. 한국 카드로 미국에서 결제할 때마다 해외이용 수수료 1.5~3%가 붙는다. 학기 초 교재비, 기숙사비, 생활비를 합치면 수백만 원. 3% 수수료면 10만 원이 넘게 나간다.

반면 이더리움 지갑은 다르다. 출국 전 한국에서 미리 만들 수 있다. 3분이면 충분하다. 부모님이 한국에서 USDC를 보내면 10분 안에 도착한다. 수수료는 1~2달러. 미국 도착 첫날부터 사용 가능하다.

더 중요한 것은 학비 납부다. 한국에서 미국 대학으로 학비를 송금하는 것은 그 자체로 큰 스트레스다. 송금 한도 때문에 여러 번 나눠 보내야 하고, 중간에 중개 은행을 거치면서 수수료가 붙는다. 5만 달러 학비를 보내는데 드는 총비용은 200~300만 원에 달한다.

최근에는 일부 미국 대학들이 암호화폐 결제를 받기 시작했다. 아직 공식적이지는 않지만, 대학 재단이나 관련 기관을 통해 USDC로 학비를 받고 영수증을 발행하는 경우가 늘고 있다. 수수료는 0.1% 미만. 5만 달러 기준 5만 원이면 충분하다.

### 해외 결제 수수료로부터 해방된다

한국인의 해외 직구 규모는 2023년 기준 6조 원을 넘어섰다. 하지만 실제로 해외 쇼핑을 해본 사람은 안다. 진짜 문제는 수수료가 아니라는 것을.

미국 아마존에서 노트북을 사려던 경험을 떠올려보자. 먼저 아마존 계정을 만든다. 이메일 인증, 전화번호 인증을 거친다. 한국 신용

카드를 등록하려니 "이 카드는 사용할 수 없습니다"라는 메시지. 해외 결제가 가능한 카드인지 확인하려고 카드사에 전화한다. 3D 인증을 활성화하라고 한다.

카드사 앱에 들어가 해외결제 설정을 켠다. 다시 아마존으로 돌아와 카드를 등록한다. 주소를 입력하는데, 한국 주소 형식이 맞지 않는다. 구글링해서 영문 주소 변환기를 찾는다. 겨우 주소를 입력했더니 이번엔 배송 주소 문제다. 직배송이 안 되는 제품이라 배송대행지를 써야 한다. 배송대행 사이트에 또 가입한다. 신분증 사진을 올리고, 개인통관고유부호를 발급받는다. 관세청 사이트에서 또 본인인증. 공인인증서가 없다고? 은행 앱에서 발급받는다. 드디어 결제 버튼을 누르니, "추가 인증이 필요합니다."

카드사에서 문자가 온다. ARS 인증을 하라고 한다. 전화를 받고 숫자를 누른다. 다시 결제 시도. "의심스러운 거래로 차단되었습니다." 카드사에 또 전화. "해외 거래라서 막혔는데요, 풀어드릴게요." 다시 시도. 드디어 결제 성공. 2시간이 걸렸다.

이런 과정을 거쳐 겨우 800달러짜리 제품을 샀다. 그런데 카드 청구서를 보니 109만 원. 환율 1,320원 기준 105만 6천 원이어야 하는데 3만 4천 원이 더 나왔다. 해외이용 수수료 1.5%, 환전 수수료 1.8%, 카드사 환율 스프레드까지 더해진 것이다.

그런데 제품에 하자가 있어 반품했다. 800달러를 환불받았는데 통장에는 102만 원만 들어왔다. 구매할 때 109만 원 냈는데? 7만 원이 증발했다. 환율 변동과 이중 수수료 때문이다.

반대 상황도 마찬가지다. K-팝, K-뷰티, K-패션의 인기로 한국 제품을 사려는 외국인이 폭증했다. 하지만 한국 온라인 쇼핑몰은 외국인에게 지옥이다.

미국인 사업가 마이클이 한국 방문 중 올리브영 온라인몰에서 화장품을 사려 했다. 회원가입부터 막혔다. 외국인등록번호가 없으면 가입이 안 된다. 여권번호? 안 된다. 미국 신용카드? "해외카드는 결제가 불가능합니다." 페이팔? '지원 안 함.' 결국 한국 친구에게 대신 결제를 부탁하고 현금을 건넸다. 21세기 IT 강국에서 벌어진 일이다.

이런 복잡한 과정을 건너뛰는 방법이 생기기 시작했다. 바로 USDT나 USDC 같은 스테이블코인 결제다. 알리익스프레스의 전자제품 판매자 중 일부가 사적으로 USDT 결제를 받기 시작했다. 중국의 자본 통제로 달러 보유가 어려운 판매자들에게 USDT는 사실상 달러나 다름없다.

한국의 소비자 입장에서 스테이블코인 결제는 단순하다. 거래소에서 USDT를 구매해 판매자 지갑으로 전송하면 끝이다. 본인 인증 절차나 카드 등록 실패로 애먹을 필요도 없다. 수수료 또한 카드 결제보다 훨씬 낮다. 몇 퍼센트씩 붙는 카드 수수료와 달리, 블록체인 송금은 경우에 따라 1달러 안팎에 그친다.

해외 판매를 하는 소규모 셀러들에게도 스테이블코인은 새로운 기회를 열어주고 있다. 전통적인 방식으로 해외 결제를 받으려면 페이팔 비즈니스 계정 개설, 까다로운 심사, 높은 수수료를 감수해야 했다. 하지만 스테이블코인을 받으면 복잡한 절차가 사라진다. 지갑 주소 하나로 전 세계 고객을 만날 수 있고, 수수료 부담도 크게 줄어든다.

글로벌 기업들의 움직임도 시작되었다. 2025년 코인베이스Coinbase는 전자상거래 플랫폼 쇼피파이Shopify와 협력해 USDC 결제 서비스를 열었다. 전 세계 수백만 개의 온라인 상점이 쇼피파이페이먼트를 통해 베이스 네트워크 기반 USDC 결제를 받을 수 있게 되었고, 소비자는 간편 인증으로 결제를 마칠 수 있으며 판매자는 현지 통화로 정산받을 수 있게 되었다.

스테이블코인의 활용이 국경 간 거래에서 빠르게 확산되고 있다. 불과 몇 년 전에는 비중이 미미했으나 이제는 전체 거래에서 눈에 띄는 몫을 차지한다. 특히 소액 결제가 늘어나면서, 스테이블코인은 투자 수단을 넘어 일상적인 결제 수단으로 자리잡아가고 있다.

머지않아 이런 장면이 일상이 될지도 모른다. 프랑스 와인, 일본 전자제품, 인도 향신료, 브라질 커피를 하나의 장바구니에 담고, 얼굴 인식 한 번으로 결제가 끝난다. 판매자는 현지 통화로 바로 돈을 받고, 구매자는 환율 걱정 없이 쇼핑을 즐긴다. 국경도, 환율도, 카드사도 필요 없는 쇼핑. 스테이블코인이 커머스의 지형을 바꾸고 있다.

## 한국에서 실리콘밸리 시급을 받고 일하는 방법

한국의 IT 인력 부족은 심각한 수준이다. 중소기업은 개발자를 구하지 못해 프로젝트를 포기하고, 스타트업은 높은 인건비에 허덕인다. 그런데 지구 반대편 베트남, 인도, 우크라이나에는 실력 있는 개발자들이 넘쳐난다. 문제는 '이들을 어떻게 고용하고, 어떻게 급여를 지급할 것인가'였다.

전통적인 해외 고용은 복잡하고 비용이 많이 든다. 현지 법인을 설립하거나, 고용대행 업체를 통해야 한다. 급여 송금도 문제다. 매달 국제 송금 수수료로 5~10만 원, 환전 수수료로 또 2~3%. 시간도 오래 걸린다. 25일에 송금하면 현지 도착은 다음 달 초. 하지만 스테이블코인이 모든 것을 바꿨다. 이제 한국 스타트업들은 전 세계 어디서든 인재를 구하고, 간단하게 급여를 지급한다.

경기도 성남의 스타트업 A사는 베트남 호치민의 개발자 3명을 원격으로 고용했다. 월급은 각각 2,000 USDT. 매월 25일 오후 5시, 대표가 업비트에서 USDT를 구매해 각자의 지갑으로 전송한다. 10분이면 도착한다. 수수료는 인당 1달러.

베트남 개발자들도 만족한다. 베트남 동<sub>VND</sub>은 인플레이션이 높아 은행에 저축해도 가치가 떨어진다. 하지만 USDT는 달러 가치를 유지한다. 게다가 언제든 현지 환전소에서 현금으로 바꿀 수 있다.

호치민 시내에만 다수의 USDT 환전소가 있다.

우크라이나의 상황은 더 극적이다. 2022년 러시아 침공 이후, 많은 우크라이나 IT 인력들이 난민이 됐다. 하지만 그들에게는 노트북과 실력이 있었다. 전쟁 중에도 일할 수 있는 유일한 방법은 원격 근무였고, 급여를 받을 수 있는 유일한 방법은 암호화폐였다.

서울의 마케팅 에이전시 B사는 키예프 출신 디자이너를 채용했다. 그는 폴란드로 피난 기 있었다. 전통적이 송금은 불가능했다. 전쟁 난민에게 거주증명서를 요구할 수 없지 않은가. USDT가 유일한 해법이었다. 월급 2,500 USDT를 매달 지급한다. 전쟁 중에도, 피난 중에도 안정적으로 급여를 받는다.

한국 프리랜서들도 이 변화의 수혜자다. 과거에는 한국 클라이언트만 상대했다. 이제는 다르다. 업워크Upwork, 파이버Fiverr 같은 글로벌 프리랜서 플랫폼에서 일감을 받는다. 실리콘밸리 스타트업이 시간당 100달러를 제시한다. 한국에서는 상상도 못할 금액이다.

문제는 역시 대금 수령이었다. 페이팔은 기본 수수료가 5%. 1만 달러 프로젝트를 완료하면 최소 500달러가 수수료로 나간다. 70만 원이 그냥 사라진다. 하지만 USDC로 받으면? 수수료 10달러. 1만 3천 원이면 충분하디.

## 돈의 국경이 사라진다

1995년, 이메일이 막 퍼지기 시작했다. 당시 국제 무역을 하려면 팩스, 국제전화, DHL이 필수였다. 뉴욕 바이어와 계약서를 주고받는 데 일주일. 오타 하나 수정하는 데 또 일주일. 한국 중소기업이 해외 진출하기 어려웠던 이유 중 하나가 바로 이 커뮤니케이션 비용이었다. 국제 전화요금은 분당 수천 원. DHL은 건당 5~10만 원. 영세 업체가 감당하기 어려운 비용이었다.

하지만 이메일이 모든 것을 바꿨다. 이제 클릭 몇 번으로 전 세계 어디든 문서를 보낼 수 있다. 무료로, 즉시. 덕분에 한국의 작은 공장도 아마존에 제품을 판매할 수 있게 됐다. 동대문 의류 상인도 전 세계 바이어와 거래한다.

스테이블코인이 만들어가는 변화도 똑같다. '돈의 이메일'이 탄생한 것이다. 과거에는 국제 송금이 큰 장벽이었다. 최소 3~5일, 수수료 3~7%. 100만 원 보내는 데 5만 원이 수수료로 나간다. 게다가 서류도 복잡하다. 송금 목적, 수취인 정보, 증빙 서류 하지만 이제는 다르다. USDT 주소 하나만 있으면 된다. 복사해서 붙여넣고 전송 버튼을 누르면 10분 안에 도착한다. 수수료는 1달러. 24시간 365일 언제든 가능하다.

이것이 가져올 변화는 상상 이상이다.

첫째, 소액 국제 거래가 활성화된다. 과거에는 천 달러 이하 거래는 수수료 때문에 엄두도 못 냈다. 이제는 10달러 거래도 가능하다. 인도네시아 수공예품을 한국에서 온라인으로 판매한다. 케냐의 커피 농장에서 직접 원두를 구매한다.

둘째, 전 세계가 하나의 노동 시장이 된다. 지리적 제약이 사라진다. 제주도의 스타트업이 몬테네그로 개발자를 고용한다. 강원도에 거주하는 디자이너가 싱가포르 기업과 일한다.

셋째, 금융 소외 계층이 세계 경제에 편입된다. 은행 계좌가 없던 17억 명이 글로벌 디지털 경제에 참여한다. 방글라데시 농부가 한국에 농산물을 수출한다. 케냐 학생이 미국 기업의 데이터 라벨링 작업을 한다.

물론 아직 넘어야 할 산이 많다. 규제 이슈, 세금 문제, 기술적 장벽. 하지만 변화의 방향은 명확하다. 돈이 이메일처럼 자유롭게 이동하는 세상이 온다.

# 10
# 국가가 내 돈을 빼앗아 갈 때

　서울의 한 직장인은 황당한 일을 겪었다. 중고거래 플랫폼에서 노트북을 판매하고 대금을 받았는데, 다음 날 아침 모든 계좌가 동결된 것이다. 거래 상대방이 보이스피싱 범죄에 연루된 계좌에서 돈을 보냈다는 이유였다. 그는 정상적으로 물건을 팔았지만, 금융정보분석원의 자동화 시스템은 그를 '의심 거래자'로 분류했다. 월세와 카드값이 밀렸다. 회사에서 입금된 월급을 인출할 수 없어 억울함을 소명하고 계좌가 풀리기까지는 몇 주가 걸렸다.

　이런 사례는 드물지 않다. 금융 당국은 보이스피싱과 자금세탁을 막기 위해 의심 거래를 실시간으로 감시하고, 신속하게 계좌 지급정지를 발동한다. 문제는, 이 과정에서 아무 잘못 없는 사람의 계좌까지 묶이는 경우가 발생한다. 중고거래처럼 불특정 다수와 돈이 오가는 상황에서는 특히 위험하다. 범죄 계좌와 한 번만 연결되어도 연쇄적으로 계좌가 동결되는 일이 생길 수 있다. 의심 거래로 분류되는 기준은 다양하다. 큰 금액이 갑자기 입금되거나 평소와 다른 시간대의 거래가 발생하면 경보가 울린다. 그러나 이렇게 걸러진 거래 중 상당수는 범죄와 무관하다.

계좌 동결은 범죄 예방이라는 명분을 지니지만, 동시에 시민들의 금융 생활을 위축시키고 사회적 비용을 키운다는 비판도 나온다. 억울하게 계좌가 정지된 사람은 생계 자체가 흔들릴 수 있고, 이를 해결하는 절차는 길고 복잡하다. 금융 통제가 강화되는 현실 속에서 스스로 자산을 지킬 수 있는 수단을 찾는 사람들이 늘어나는 것은 어쩌면 자연스러운 흐름일지도 모른다.

## 예금동결은 남의 일이 아니다

### 일본인이 현금을 고집하는 이유

일본을 여행하는 한국인들은 종종 놀란다. '왜 아직도 현금만 쓰지?' 실제로 일본의 현금 결제 비율은 절반을 넘는다. 도쿄 긴자의 고급 레스토랑조차 '현금만 받습니다'라는 안내문을 붙여놓은 경우가 많다.

이 현상의 기원은 1946년으로 거슬러 올라간다. 2월 16일 저녁, 일본 정부는 긴급히 발표했다. "내일 0시를 기해 모든 구엔화의 유통을 정지한다. 신엔화로 교환하라."

전후 인플레이션을 막기 위한 조치라고 했지만, 국민에게는 충격이었다. 1인당 100엔까지만 즉시 교환이 가능했고, 나머지는 은행에 강제 예금해야 했다. 세대주는 월 300엔, 가족 1인당 100엔만 인출할 수 있었다. 당시 쌀 한 되가 60엔이었으니, 네 식구가 한 달을 버티기도 힘든 금액이었다.

3월에는 더 큰 충격이 닥쳤다. '재산세법'이 시행되면서 동결된 예금에 25%에서 최고 90%의 세율이 매겨졌다. 거액 자산가들은 하루아침에 재산의 대부분을 잃었다. 많은 이들이 "금고 속 현금이 휴지조각이 됐다"고 기록으로 남겼다.

이 경험은 일본 사회에 깊은 흔적을 남겼다. 일본은행의 2023년 조사에 따르면, 일본 가정이 집안에 보관하는 현금(탄스예금)은 약 50조 엔에 달한다. 이는 GDP의 10%에 해당하는 규모다. 2011년 동일본 대지진 당시 쓰나미에 휩쓸린 금고 5,700개가 경찰에 신고됐고, 그 안에서 발견된 현금만 23억 엔이었다. 금고 하나당 평균 40만 엔이 들어 있었다.

오늘날 일본이 여전히 '현금 사회'로 남아 있는 배경에는, 단순히 관습이어서가 아니라 역사적 트라우마가 자리하고 있는 것이다.

### 박정희 정부의 '긴급통화조치'

1962년 6월 10일 새벽, 한국 사회 역시 비슷한 충격에 빠졌다. 박정희 군사정부가 '긴급통화조치'를 전격 발표했다. 어제까지 유통되던 모든 화폐가 무효되어 신권으로 교환해야 했다. 명분은 부정축재자 처벌과 경제 재건을 위한 자금 동원이었지만, 국민이 체감하기로는 갑작스러운 재산 박탈이었다.

교환 조건은 가혹했다. 1인당 5천 환까지만 즉시 교환할 수 있었고, 그 이상은 은행에 강제로 예치해야 했다. 일부는 봉쇄예금으로 묶여 사실상 사용할 수 없었다. 기록에 따르면, 당시 총통화량 1,660억 환 가운데 약 98억 환, 즉 5% 이상이 하루아침에 정부 손에 들어갔다.

당시를 기록한 사례에 따르면, 장사를 마치고 받은 현금이 단숨에 종잇조각이 되어버린 사람들이 적지 않았다. 예치된 돈은 수년이 지나야 일부만 돌려받을 수 있었고, 그마저도 현금이 아닌 산업개발공채로 지급되었다. 그 사이 물가는 몇 배나 뛰어올랐다. 고액 현금을 보유한 이들은 부정축재자로 몰려 조사를 받았다. 당시 5만 환은 중산층 가정의 1년 생활비에 해당하는 금액이었지만, 이 정도 저축만으로도 불필요한 의심을 받았다.

이 경험은 한국인의 금융 습관에 깊은 흔적을 남겼다. 은행과 정부를 온전히 신뢰하기보다 눈에 보이는 자산을 선호하게 된 것이다. 그래서 많은 장년층이 현금을 집에 보관하고, 금을 안전자산으로 여기며, 부동산에 집착하는 이유를 1962년의 기억에서 찾는 이들도 있다.

**보이지 않게 이뤄지는 예금동결**

1997년 11월 21일, 한국 정부는 IMF에 구제금융을 신청했다. 공식적으로 예금 동결은 없었다. 그러나 외환이 말라붙은 상황에서 사실상 전례 없는 금융 통제가 이어졌다.

가장 먼저 막힌 것은 달러였다. 해외 송금은 엄격히 제한되었고, 유학생들은 생활비조차 제때 보낼 수 없었다. 당시 유학생들 상당수가 학비 마련이 어려워 귀국길에 올랐다. 은행 창구에서는 "달러가 없다"는 말이 쉴 새 없이 들려왔다. 한 무역업체 관계자는 "외화예금 계좌에 달러가 있어도 원화로만 찾을 수 있었다. 환율이 순식간에 두 배가 되었으니 사실상 절반의 손실을 감수하라는 것이었다"고 회상했다.

2017년 국가기록원에서 공개된 일부 자료에는 당시 정부가 비상계획을 논의했던 기록도 남아 있다. 외환보유액이 10억 달러 이하로 떨어질 경우 외화예금을 동결하고, 원화로 강제 전환하며, 개인 인출 한도를 제한하는 시나리오였다. 실제로 시행되지는 않았지만, 불과 며칠 사이에 실행 직전까지 갔다는 사실만으로도 당시 위기의 깊이를 짐작하게 한다.

그 와중에 펼쳐진 '금 모으기 운동'은 집단적 기억으로 남았다. 시민 약 350만 명이 참여해 227톤의 금을 내놓았다. 당시 가치로 21억 달러, 오늘날 가치로 환산하면 수십조 원에 달하는 규모였다.

### 시위대의 돈줄을 끊어라

2019년 6월, 홍콩에서 '범죄인인도법' 반대 시위가 시작됐다. 처음에는 평화로운 행진이었지만 점차 격렬해졌다. 중국 정부는 시위대를 압박하기 위해 새로운 전략을 꺼내들었다. 자금줄을 차단하는 것이었다.

11월, 경찰은 시위 지원 단체 스파크얼라이언스 Spark Alliance의 계좌를 동결했다. 이 단체는 시위대의 법률 및 의뢰 비용 지원을 담당해왔는데, 7천만 홍콩달러에 달하는 자금이 하루아침에 묶였다. 이후 당국은 후원자들에 대한 조사에 착수했다. 소액을 후원한 시민들까지 불안에 떨었다. 당시 한 은행 직원은 "경찰이 연일 계좌 동결 명령을 들고 왔다"고 익명으로 증언했다.

2020년 6월, 홍콩 '국가보안법'이 통과되면서 상황은 더욱 악화됐다. 해외로 망명한 민주 인사들의 홍콩 내 자산이 줄줄이 동결되었고, 가족 계좌까지 조사 대상이 되었다. 전 홍콩 의원 테드 후이 Ted Hui는 영국으로 망명한 직후 자신과 가족의 계좌가 모두 동결되는 일을 겪었다. 그의 부인이 운영하던 작은 카페는 거래처들이 두려움에 거래를 끊으면서 문을 닫았다. 지미 라이 Jimmy Lai 역시 같은 운명에 놓였다. 홍콩 민주 언론의 상징이었던 그는 5억 홍콩달러 상당의 자산이 동결되었고, 소유 기업 주식은 거래가 정지됐다.

이런 상황 속에서 사람들은 새로운 길을 찾기 시작했다. 일부 보도에 따르면, 이 무렵 홍콩에서 스테이블코인, 특히 USDT의 거래가 급증했다. 민주 인사들 중에는 체포되기 전에 자산을 디지털 화폐로 바꿔두었다는 이야기도 흘러나왔다. 은행 계좌는 정부가 동결할 수 있었지만, 개인 지갑에 담긴 디지털 자산은 손댈 수 없었다.

홍콩의 암호화폐 사용 증가는 단순한 투자 열풍이 아니었다. 정부를 신뢰하지 못한 시민들이 자산을 지키기 위해 선택한 일종의 방패였다.

**금융을 통한 숙청**

2022년 2월, 러시아가 우크라이나를 침공했다. 동시에 러시아 내부에서는 또 다른 전쟁이 시작되었다. 이번에는 총칼이 아닌 금융을 통한 숙청이었다.

러시아 정부는 '외국에이전트법'과 '극단주의자법'을 무기로 삼았다. 해외에서 자금을 받으면 '외국 에이전트', 정부를 비판하면 '극단주의자'로 지정했다. 이 순간부터 개인과 단체는 사실상 모든 금융 활동이 금지되었다. 2022년 이후 수백 명과 수많은 단체가 이런 낙인을 받았고, 러시아 당국은 수십조 원 규모의 자산을 몰수했다는 보도가 이어졌다. 이는 단순한 법 집행을 넘어 정치적 통제를 강화하는 수단으로 작동했다.

사실 이런 방식은 처음이 아니었다. 이미 그 이전에도 반정부 인사들에게 금융은 가장 강력한 족쇄였다. 알렉세이 나발니 Alexe: Navalny 사건이 대표적이다. 그는 2021년 독일에서 독살 시도를 겪은 뒤 치료를 마치고 귀국하자마자 체포되었고, 그의 재단은 곧 '극단주의 단체'로 지정되었다. 이 조치로 재단 계좌는 물론 개인 계좌까지 모두 동결되었으며, 후원자들까지 조사 대상이 되었다. 나발니 사건은 러시아에서 금융이 어떻게 정치적 억압의 도구로 전락할 수 있는지를 보여준 첫 번째 경고였다.

그러나 반정부 세력은 다른 길을 찾았다. 나발니재단은 후원금을 암호화폐로만 받기 시작했고, 5년 동안 약 220억 원에 달하는 디지털 자산을 모금했다. 거래소를 차단하는 것은 가능했지만, 텔레그램을 통한 개인 간 거래까지 막을 수는 없었다. 러시아 중앙은행조차 "시민들의 암호화폐 사용이 급격히 늘고 있다"고 경고할 정도였다.

결국 금융 통제는 반대 세력을 옥죄는 무기가 되었지만, 동시에 역설적이게도 암호화폐 확산을 가속하는 결과를 낳았다.

## 내 돈인데 왜 1일 한도가 있는 걸까?

### 한국인이 매일 겪는 한도의 벽

한국의 이체 한도는 일반인 기준 하루 5천만 원이다. 왜 4천만 원도, 6천만 원도 아닌 5천만 원일까? 이 숫자가 어떻게 정해졌는지 아는 사람은 거의 없다. 금융위원회에 문의하면 "금융사고 예방과 소비자 보호를 위한 적정 수준"이라는 답변이 돌아온다. 하지만 이 '적정 수준'의 근거는 명확하지 않다. 1995년 온라인뱅킹 도입 당시 300만 원으로 시작해서 조금씩 올려온 결과일 뿐이다.

한도가 만드는 부조리는 일상 곳곳에 있다. 서울 강남의 한 아파트 전세 계약 현장. 임차인 박 씨는 전세금 8억 원을 이체해야 한다. 하루 5천만 원씩 16일에 걸쳐 나눠 보내야 한다는 계산이 나온다. '한도 증액을 신청하면 되지 않나요?'라고 묻는다면, 현실을 모르는 것이다. 한도를 1억 원으로 올리려면 은행 창구를 방문해야 한다. 평일 오전 9시부터 오후 4시 사이에만 가능하다. 직장인은 반차를 내야 한다. 창구에서 요구하는 서류도 만만치 않다. 부동산 계약서, 신분증, 소득 증명서, 재산세 납부증명서, 자금 출처 소명서…. 마치 대출 심사를 받는 기분이다. 내 돈을 옮기는데 왜 이런 증명이 필요한가?

더 황당한 것은 병원비다. 간이식 2억 원, 심장수술 1억 2천만 원, 희귀암 치료 3억 원…, 생명이 걸린 순간에도 한도는 예외가 없다.

부산의 김태현 씨는 아버지의 간암 수술비 1억 8천만 원을 당일 납부해야 한다. 돈은 준비되어 있다. 문제는 여러 금융기관에 분산되어 있다는 점이다. 정기예금 8천만 원(A은행), 주식 5천만 원(B증권), 펀드 3천만 원(C은행), 보험 해약금 4천만 원(D보험사). 각각을 현금화하는 데 일주일이 걸린다.

정기예금은 중도해지 페널티, 주식은 장외거래 할인, 펀드는 환매 대기, 보험은 서류 절차. 겨우 한 계좌로 모았지만, 하루 5천만 원 한도에 막힌다. 4일에 걸쳐 나눠 보내는 동안 수술은 일주일 연기된다.

### 해외송금 한도: 1960년대 규제가 2020년대에도

한국의 해외송금 규제 역시 시대착오적이다. 연간 한도는 오랫동안 5만 달러로 고정되어 있다가 2023년에야 10만 달러로 확대되었다. 하지만 그 사이 한국 경제는 완전히 달라졌다. 지난 30년전 1인당 GDP는 1만 달러에서 3만 5천 달러로 세 배 이상 뛰었고, 외환보유액은 740억 달러에서 4천억 달러를 넘어섰다. 해외직구 규모만 해도 연간 6조 원에 달한다. 그럼에도 불구하고 개인 송금 한도는 수십 년간 그대로였다.

10만 달러 이상 해외 송금을 하려면 자금 용도를 꼼꼼히 증명해야 한다. 해외 부동산 투자라면 매매계약서, 번역공증본, 현지 등기부등본, 감정평가서 등 수많은 서류가 요구된다. 자금 출처 역시 수년치 기록을 소명해야 한다.

베트남 호치민에 투자용 부동산을 매입한 한 기업가의 사례는 이 제도의 불편함을 잘 보여준다. 그는 12만 달러 계약금을 사흘 안에 송금해야 했지만, 금융당국에 신고하고 승인 절차를 거치느라 시간에 쫓겼다. 인터넷뱅킹으로는 큰 금액 송금이 불가능해 은행 창구를 찾아야 했고, 결국 이틀에 걸쳐 나눠 송금할 수밖에 없었다. 그 과정에서 발생한 각종 수수료와 환율 차이로만 수백만 원이 나갔다.

같은 시기에 스테이블코인을 사용했다면 상황은 전혀 달랐을 것이다. USDT 같은 디지털 달러라면 불과 몇 분 만에 해외로 자금을 보낼 수 있었고, 비용은 몇 달러 수준에 그쳤다. 증빙 서류도 필요하지 않았다. 이 기업가는 결국 이렇게 말했다. "규제가 혁신을 막는 게 아니라, 규제를 우회하는 혁신을 만들어내는 거죠."

**한도 시스템의 숨겨진 비용**

송금과 이체 한도가 만들어내는 사회적 비용은 통계로는 잘 잡히지 않는다. 하지만 누구나 체감한다. 급한 돈을 제때 쓰지 못하거나, 투자와 구매의 기회를 놓치는 일, 병원비 결제가 지연되는 일을 한 번쯤 겪어보았을 것이다. 한도를 올리기 위해 은행 창구를 찾아 서류를 내고, 인증 절차를 반복해야 하는 시간과 행정 비용도 만만치 않다. 문제는 한도의 일률성이다. 위험도와 거래 규모, 신용도, 직업이 제각각인데도 똑같은 기준이 적용된다. 어떤 사람에게는 지나치게 과도한 제약이 되는 것이다.

해외 사례와 비교하면 한국이 특수해 보인다. 미국은 국가 차원의 일률적인 한도가 없다. 각 은행과 카드사가 고객의 신용과 거래 실적을 바탕으로 자율적으로 한도를 설정한다. 싱가포르 역시 마찬가지다. 고객이 직접 한도를 정할 수 있고, 규제는 이상 거래가 감지될 때만 작동한다. 스위스는 자본 이동이 자유로운 대표적인 나라다. 물론 자금세탁 규제는 엄격하지만, 개인이 합법적인 자금을 옮기는 데 있어 별다른 제약은 없다.

그렇다면 한국은 왜 이렇게 엄격할까? 1997년 외환위기의 기억이 정책 결정자들의 DNA에 각인되어 있기 때문이다. 외환보유액이 39억 달러까지 떨어졌던 충격이 아직도 남아 있다. 그러나 지금은 다르다. 2024년 기준 외환보유액은 4,200억 달러에 달하고, 1인당 GDP는 세 배 이상 증가했다. 경제의 체력은 달라졌지만 금융 규제 마인드는 여전히 1997년에 머물러 있는 셈이다.

여기에 관료주의가 더해진다. 한도를 완화했다가 사고가 나면 담당자가 책임을 져야 한다. 하지만 한도로 인해 발생하는 피해에는 아무도 책임지지 않는다. 금융기관의 이해관계도 작용한다. 한도가 있으면 대규모 자금 유출을 막을 수 있고, 각종 수수료는 안정적인 수익원이다. 이런 이유로 제도가 국민의 편의보다는 관리와 통제를 우선하는 방향으로 굳어졌다.

## 은행이 망하면 내 돈은?

### 예금보호 한도와 저축은행 사태

2011년은 한국 금융사에 잊을 수 없는 해다. 부산저축은행을 시작으로 무려 16개 저축은행이 연쇄적으로 무너졌다. 피해자는 10만 명, 피해액은 8조 원에 달했다. 평생 모은 퇴직금과 집을 판 대금을 은행에 맡겼던 한 은퇴자의 절규는 많은 이들의 심정을 대변했다. 그러나 돌아온 답은 "예금자보호 한도는 5천만 원"이라는 규정뿐이었다. 원금과 이자를 합쳐도 5천만 원까지만 보장된다는 사실을 그때야 실감한 사람들이 많았다.

예금보호 한도는 2001년에 5천만 원으로 정해진 뒤 오랫동안 동결되어 있었다. 그 사이 물가는 70% 가까이 올랐고, 국민의 자산 규모는 크게 늘었다. 하지만 보호 한도는 바뀌지 않았다. 2025년에 들어서야 1억 원으로 상향되었다.

저축은행 사태의 본질은 부동산 프로젝트 파이낸싱(Project Financing, PF) 부실이었다. 저축은행들은 고금리 예금을 받아 부동산 개발 사업에 집중적으로 대출했다. 그러나 2008년 금융위기로 부동산 경기가 얼어붙자 연쇄 부도가 이어졌다. 문제는 금융당국이 이를 제때 막지 못했다는 점이다. 부산저축은행은 자기자본비율을 심각하게 낮게 유지하면서도 분식회계로 기준치 이상인 것처럼 꾸몄다. 감독 당국은 이를 수년간 적발하지 못했다.

오늘날 상황이 완전히 달라진 것도 아니다. 일부 저축은행은 여전히 건전성 지표가 취약하고, PF 대출 비중도 평균 40%대를 웃돈다. 또 다른 위기가 언제든 반복될 수 있다는 불안이 사라지지 않는 이유다.

## 미국도 안전하지 않다

2023년 3월 10일, 미국 실리콘밸리은행SiliconValleyBank, SVB이 파산했다. 자산 규모 2,090억 달러. 미국 역사상 두 번째로 큰 은행 파산이었다. SVB의 고객은 대부분 스타트업이었다. 문제는 미국 예금보험FDIC도 25만 달러(약 3.2억 원)까지만 보호한다는 점이었다. SVB 고객의 93%가 이를 초과하는 금액을 예치하고 있었다.

실리콘밸리 전체가 패닉에 빠졌다. 수천 개 스타트업이 동시에 파산 위기에 몰렸다. 벤처캐피털들이 긴급 대출을 제공하려 했지만 역부족이었다. 결국 미국 정부가 개입했다. 일요일 밤, 재무부와 연준, FDIC가 공동 성명을 발표했다. "SVB의 모든 예금을 보호한다." 예금보험 한도를 넘는 특별 조치였다. 하지만 이것은 시스템 리스크 때문에 취한 예외적 조치였다. 다음에도 그럴까? 보장은 없다. 실제로 같은 시기 파산한 시그니처 은행 예금자 중 일부는 손실을 봤다.

SVB 사태는 미국 은행 시스템의 취약성을 드러냈다. 금리가 급등하자 은행이 보유한 채권 가치가 폭락했다. 예금자들이 돈을 찾으려 하자 유동성 위기가 왔다. 2024년 미국 지역은행 60개 이상이 '문제 은행' 리스트에 올랐다. 상업용 부동산 대출 부실이 뇌관이었다. 재택근무 확산으로 오피스 빌딩 가치가 30% 하락했기 때문이다.

## 역사가 주는 교훈

위기가 오면 정부가 다양한 방법으로 국민의 예금을 가져간다. 명분은 그럴듯하다. 경제 안정, 부정축재 근절, 투기 억제…. 하지만 결과는 선량한 시민들이 평생 모은 돈을 잃는 것이다. 시대와 나라가 달라도 패턴은 같다.

오늘날 한국은 안전할까? 넉넉한 외환보유고, 예금보호, 민주주의 체제… 안전장치는 많다. 하지만 1997년에도 우리는 안전하다고 믿었다. 2011년 저축은행에 돈을 맡긴 사람들도 그랬다. 역사의 교훈은 명확하다. 정부는 필요하면 언제든 당신의 예금을 통제할 수 있다. 그래서 사람들은 대안을 찾는다. 할머니들은 김치냉장고에 현금을 숨기고, 부자들은 해외에 자산을 빼돌리고, 젊은 세대는 암호화폐를 산다.

# 그들은 왜 월급을 다 달러로 바꾸는 걸까?

월급날 아침. 서울의 직장인은 은행 앱을 열어 월급 450만 원이 입금된 것을 확인한다. 다음 달까지 그 금액의 가치는 크게 변하지 않을 것이다. 그러나 이스탄불의 직장인은 다르다. 그는 급여가 입금되자마자 암호화폐 거래소 앱을 연다. 받은 월급 2만 5천 리라를 곧바로 USDT로 바꾼다. 10분의 지체도 허락하지 않는다. 이유는 간단하다. 2024년 튀르키예의 연간 인플레이션율은 61%를 넘었다. 평균적으로 한 달이 지나면 월급의 가치가 몇 퍼센트씩 사라진다. 100만 원에 해당하는 월급이 한 달 뒤면 95만 원의 구매력으로 줄어드는 셈이다. 반면 USDT는 달러에 연동되어 가치를 그대로 유지한다.

튀르키예 중앙은행 자료는 이런 행태를 뒷받침한다. 2024년 기준 외화예금은 2,800억 달러에 달해 전체 예금의 60%를 차지했다.

국민 다수가 자국 통화보다 달러를 선호하는 것이다. 여기에 더해, 공식 통계에 잡히지 않는 스테이블코인 보유액도 수백억 달러 규모에 이를 것이라는 추정이 나온다.

정부는 이를 막으려 애써왔다. 2021년에는 암호화폐 결제를 전면 금지했고, 2023년 12월에는 부동산·임대료·중고차 거래에서 달러 결제를 하면 벌금을 부과하는 '리라보호법'을 시행했다. 하지만 결과는 반대였다. 터키 최대 거래소인 'BtcTurk'의 일일 거래량 중 상당 부분이 USDT로 집계되면서, 오히려 스테이블코인은 생활 속 화폐로 자리잡아가고 있음을 보여주었다.

## 하루아침에 화폐가 사라진 날

2022년 10월, 나이지리아 중앙은행은 구권을 신권으로 교체한다고 발표했다. 부패 자금을 차단하고 현금 의존도를 줄이려는 목적이었다. 그러나 결과는 예상을 벗어났다. 구권의 상당 부분이 제때 회수되지 못했고, 발행된 신권은 턱없이 부족했다. ATM은 텅 비었고, 은행 앞에는 현금을 찾으려는 사람들의 줄이 며칠씩 이어졌다.

이 과정에서 기묘한 현상이 나타났다. 신권을 받기 위해 구권에 웃돈을 얹어야 했던 것이다. 신권 1,000나이라를 받으려면 구권 1,200나이라를 내야 했다는 증언이 잇따랐다. 현금에 20~30%의 프리미엄이 붙는 아이러니한 상황이었다.

하지만 라고스의 IT 업계는 달랐다. 현금 위기 동안 나이지리아의 P2P 암호화폐 거래량은 급증했다. 일평균 거래 규모가 늘어나면서, 사실상 디지털 달러가 현금의 빈자리를 대신했다. 2024년 나이지리아는 세계에서 암호화폐 채택률이 가장 높은 나라 중 하나로 꼽혔다. 수천만 명이 암호화폐를 보유하거나 사용한 경험이 있다고 답했다. 이들에게 USDT는 더 이상 단순한 투자 수단이 아니라, 화폐였다.

## 아르헨티나, 3대가 달러를 구하는 방식

부에노스아이레스의 한 가족이 저녁 식탁에 모였다. 세대마다 달러를 지키는 방식은 제각각이다.

78세의 할아버지는 지금도 집 어딘가에 달러 현금을 숨겨둔다. 1989년 하이퍼인플레이션과 2001년 예금 동결을 겪은 그에게 은행은 결코 믿을 수 없는 존재다. 아르헨티나 가정 곳곳에 숨겨진 이른바 '매트리스 달러'는 수백억 달러에 달한다는 추정이 있다.

52세의 아버지는 우루과이 은행을 택한다. 부에노스아이레스에서 몬테비데오까지 페리로 세 시간이면 닿는다. 주말마다 '은행 관광'을 떠나는 아르헨티나인들 덕분에 우루과이 은행의 외국인 예금은 수십억 달러 규모로 불어났다.

26세의 아들은 전혀 다른 방식을 쓴다. 그는 스마트폰 지갑에 USDT를 담는다. 집에 숨길 필요도, 국경을 넘어갈 필요도 없다. 24시간 언제든 페소를 달러 스테이블코인으로 바꾸고, 필요할 때 즉시 현금화할 수 있다.

2024년 아르헨티나의 인플레이션율은 142%, 빈곤율은 57%를 넘어섰다. 하지만 부에노스아이레스의 카페는 여전히 붐빈다. 그 비결은 '달러화된 경제'다. 공식 화폐는 페소이지만 실질 화폐는 달러, 그리고 젊은 세대에게 달러는 곧 USDT였다.

## 전쟁 중에도 송금이 가능해지다

러시아의 침공 직후, 우크라이나 정부는 암호화폐 기부를 받기 시작했다. 2월 26일 공식 트위터 계정을 통해 비트코인과 이더리움 주소를 공개했고, 일주일도 안 되어 5천만 달러 이상이 모금됐다. 이후 누적 기부액은 2억 달러를 넘어섰으며 방탄복과 인도적 물품 구매에 활용되었다. 일부 난민들은 국경을 넘을 때 현금을 가져가지 못했지만, 머릿속에 시드 문구를 기억해 새 스마트폰에서 지갑을 복구해 재산을 보존했다는 사례도 있었다.

비슷한 방식은 미얀마에서도 나타났다. 2021년 쿠데타 이후 은행 거래가 제한되자 국민통합정부는 USDT를 공식 통화로 채택하고, 암호화폐 기반 모금으로 수천만 달러를 조달했다.

## 은행이 문을 닫은 레바논

2019년 가을, 레바논의 금융 위기는 조용히 시작되었다. 은행 문은 여전히 열려 있었지만, 창구 앞에 선 이들은 자기 돈을 마음대로 찾을 수 없었다. 인출 한도는 점점 줄어들었고 사실상 해외 송금이 막혔다. 사람들은 통장을 들고도 속수무책이었다. 절망은 분노로 변했다. 총기나 장난감 권총을 손에 쥔 예금자들이 은행을 점거해 돈을 돌려달라고 외치는 사건이 이어졌다. 언론은 이를 '은행 인질극'이라 불렀다.

통화 가치의 붕괴는 더 큰 절망을 안겼다. 공식 환율은 여전히 1달러에 1,500파운드로 고정돼 있었지만, 암시장에서는 1달러에 9만 파운드를 내야 했다. 지폐 뭉치가 늘어날수록 손에 쥔 돈의 가치는 더 작아졌다. 이 무너진 풍경 속에서 사람들은 다른 길을 찾아 나섰다. 누군가는 지인의 도움으로, 또 누군가는 블록체인 지갑을 통해 스테이블코인에 손을 댔다. USDT는 점차 자리를 넓혀 갔다. 은행이 제 역할을 잃어버린 그 공백을 디지털 화폐가 서서히 메우고 있었다.

## 한국에서 달러 스테이블코인을 찾는 이유

한국은 앞서 살펴본 나라들과는 사정이 다르다. 물가상승률은 2~3% 선에 머물러 있고, 은행 시스템 역시 큰 흔들림이 없다. 그럼에도 불구하고 사람들은 달러 자산을 찾고, 그중에서도 스테이블코인을 담기 시작했다.

이 현상에는 몇 가지 이유가 있다. 첫째는 환율이다. 2020년 초 1,200원이었던 달러는 2024년에 들어 1,380원 안팎까지 올랐다. 원화 가치가 17%나 떨어진 셈이다. 둘째는 편리함이다. 은행에서 달러 통장을 개설하려면 직접 지점을 방문하고, 환전 수수료도 든다. 반면 스테이블코인은 휴대전화 앱에서 단 몇 번의 터치로 손쉽게 사고팔 수 있다. 셋째는 수익률이다. 은행의 달러 예금 금리가 연 3% 정도라면, 일부 디파이 DeFi, Decentralized Finance(탈중앙화 금융) 플랫폼은 스테이블코인을 예치할 경우 더 높은 이자를 제시한다.

20~30대의 상당수가 자산의 일부를 달러로 보유하고 있다. 눈여겨볼 점은 이들 가운데 적지 않은 비중이 은행 예금 대신 스테이블코인을 선택한다는 사실이다. 안정적인 금융 환경 속에서도 암호화폐에 친숙한 새로운 세대는 전통적인 방식이 아닌 디지털 화폐라는 또 다른 길을 통해 달러를 소유하고 있다.

## 중국의 두 얼굴

중국은 세계에서 가장 강력하게 암호화폐를 금지한 나라다. 2021년 9월, 인민은행은 모든 암호화폐 거래와 채굴을 불법으로 규정하며 단속을 강화했다. 그러나 현실은 다르다. 홍콩을 통한 우회거래, 장외시장, 해외 거래소 접속 등을 통해 여전히 적지 않은 거래가 이어지고 있다. 특히 스테이블코인, 그중에서도 USDT는 자본 통제를 우회하는 주요 수단으로 자리잡았다. 연간 5만 달러로 제한된 해외 송금 규정을 피해, 일부 기업과 개인은 국경을 넘는 결제와 자산 이전에 USDT를 활용하고 있다.

흥미로운 점은 중국 정부의 태도다. 한편으로는 개인의 암호화폐 거래를 불법화했지만, 다른 한편으로는 디지털 위안화 e-CNY 개발에 국가적 역량을 집중하고 있다. 이는 스테이블코인, 특히 USDT가 던지는 도전을 의식하는 동시에, 그 대안으로 국가가 직접 통제하는 새로운 화폐 질서를 세우려는 시도라고 할 수 있다.

## 결국 달러가 필요하기 때문이다

아이러니하게도, 스테이블코인의 확산은 달러의 지배력을 더 공고히 만들고 있다. 튀르키예 사람도, 나이지리아 사람도, 아르헨티나 사람도 결국 손에 쥐고 싶어 하는 것은 달러다. 그리고 디지털로 구현된 USDT나 USDC가 달러의 공급을 용이하게 만들고 있다.

2024년 전 세계 스테이블코인 발행 규모는 약 1,500억 달러에 이르렀다. 그 가운데 98%가 달러에 연동되어 있으며, 유로나 엔화에 기반한 스테이블코인은 존재감이 미미하다. 디지털 시대로 넘어왔지만, 기축통화의 자리는 여전히 달러가 차지하고 있다.

IMF 역시 2024년 보고서에서 이러한 흐름을 주목했다. 과거에는 정부가 정책으로 달러화를 통제할 수 있었지만, 이제는 개인이 스마트폰 하나로 직접 '달러'를 선택한다. 스테이블코인은 단순한 기술적 수단이 아니라, 세계 금융 질서 속에서 달러의 영향력을 또 한 번 확장시키는 매개체가 되고 있다.

## 은행에서 알고리즘으로 이동하는 금융의 질서

암호화폐를 경험한 사람은 전 세계적으로 약 5억 명에 이른다. 이들 가운데 상당수는 투자용 토큰이 아닌, 달러 스테이블코인을 손에 쥐었다. 튀르키예 사람에게 USDT는 치솟는 인플레이션을 피하는 수단이고, 나이지리아 사람에게는 제약이 많은 자국 통화의 대안이다. 전쟁 한가운데 선 우크라이나인에게는 국제 사회와 연결되는 거의 유일한 송금 수단이기도 하다. 각국 정부가 이를 막으려 했지만 기술의 흐름은 거스를 수 없었다. 금지하면 지하로 숨어들었고, 규제하면 새로운 우회로가 생겨났다.

역사적으로 정부가 만든 화폐 시스템이 흔들릴 때, 사람들은 대안을 찾아 나섰다. 오늘날 그 대안은 스테이블코인이다. 화폐의 역사가 다시 쓰이고 있다. 이번에는 정부가 아닌 개인이, 은행이 아닌 알고리즘이 그 무대의 주인공이다.

# 누구도 가져갈 수 없는 디지털 현금

직장인 김민수씨는 지갑에 현금 10만 원을 넣고 다닌다. 카드가 먹통이 될 때, 현금만 받는 맛집에 갈 때, 경조사비를 낼 때를 대비해서다. 그런데 그에게는 또 다른 '지갑'이 있다. 스마트폰 속 이더리움 지갑에 들어 있는 1,000 USDC다.

이 두 지갑은 놀라울 정도로 비슷하다. 실물 지갑의 현금을 잃어버리면 누가 돌려주나? 아무도 없다. 지하철에 놓고 내렸다면, 술집에서 떨어뜨렸다면, 그것으로 끝이다. 경찰에 신고해도 '찾기 어렵습니다'라는 답변뿐이다. 반대로 내 지갑 속 현금을 정부가 동결할 수 있나? 불가능하다. 법원이 압류할 수 있나? 물리적으로 빼앗지 않는 한 불가능하다.

스테이블코인 지갑도 똑같다. 12개 영어 단어(시드 문구)를 잃어버리면 영원히 찾을 수 없다. 하지만 그 단어를 아는 한, 그 누구도(정부도, 은행도, 법원도) 당신의 USDC를 가져갈 수 없다. 이것이 은행 예금과 다른 점이다. 은행 예금은 은행이 관리한다. 당신은 통장과 도장을 갖고 있을 뿐이다. 은행이 '안 됩니다'라고 하면 당신은 당신의 돈을 쓸 수 없다. 하지만 현금과 스테이블코인은 다르다. 온전히 당신이 관리하고 책임진다.

## 비상금, 어디에 숨기실 건가요?

한국의 어머니들은 집 어딘가에 비상금을 숨겨둔다. 김치냉장고 뒤, 쌀독 바닥, 옷장 깊숙한 곳. 남편도 모르고, 자식도 모른다. 오직 본인만 아는 곳. 왜 그럴까? 서울에 사는 주부 박영희 씨의 이야기다. "IMF 때 남편 회사가 부도났어요. 통장이 다 묶였죠. 카드도 정지됐고요. 그때 김치냉장고에 숨겨둔 300만 원으로 3개월을 버텼어요. 그 후로는 항상 현금을 숨겨둡니다."

이것은 단순한 불안감이 아니다. 실제 경험에서 나온 지혜다. 통장은 동결될 수 있고, 카드는 정지될 수 있지만, 집에 숨긴 현금은 누구도 건드릴 수 없다.

프리랜서 디자이너 문예린 씨는 수입의 10%를 USDC로 개인 지갑에 보관한다. "거래소도 믿을 수 없어요. FTX 파산 봤잖아요. 은행도 마찬가지예요. 이혼 소송 걸면 바로 계좌 동결이래요. 제

USDC는 제가 12개 단어를 잊어버리지 않는 한 안전해요."

계좌가 동결되면 생활비도 못 쓴다. 하지만 개인 지갑의 스테이블코인은? 상대방이 존재를 알아도 가져갈 방법이 없다.

## 금고 vs. 지갑, 당신의 선택은?

편의점을 운영하는 최 사장은 매일 밤 현금 매출을 금고에 넣는다. 300만 원쯤 모이면 은행에 입금한다. 왜 매일 입금하지 않을까? "새벽에 담배 사러 가야 하는데 은행 문 닫았잖아요. 현금이 있어야 해요."

하지만 금고의 현금도 불안하다. 도둑이 들까 봐, 직원이 손댈까 봐, 세무서가 들이닥칠까 봐. 그래서 최 사장은 새로운 방법을 찾았다. 매출의 일부를 USDT로 바꿔 개인 지갑에 보관하는 것이다. "현금이랑 똑같아요. 내가 갖고 있고, 필요할 때 바로 쓸 수 있고. 다른 점이 있다면 부피가 없다는 것? 그리고 아무도 못 가져간다는 것?"

한국에서도 스테이블코인을 실생활 자산 관리에 활용하는 흐름이 조금씩 감지된다. 특히 현금 거래 비중이 큰 자영업자들 사이에서 매출의 일부를 디지털 지갑에 보관하는 모습이 보이곤 한다. 세대와 업종을 막론하고 이런 시도가 늘고 있다는 점은 분명하다.

이들이 스테이블코인을 찾는 이유 가운데 하나는 '안전'이다. 세무조사를 받더라도 개인 지갑에 담긴 자산은 당국이 즉각적으로 확인하거나 압류하기 쉽지 않다는 인식이 있다. 물론 달세는 불법이고 세금 신고는 해야 한다. 그러나 합법적으로 세금을 낸 이후의 자산을 정부가 임의로 동결할 수는 없다는 점에서 스테이블코인은 일종의 심리적 안전망으로 기능한다.

## 은행 송금보다 더 빠른 현금 배송 방법

현금을 멀리 보내려면 어떻게 해야 할까? 택배? 위험하다. 직접 들고 가기? 시간이 걸린다. 은행 송금? 그럼 더 이상 현금이 아니라 은행 예금이 된다. 스테이블코인은 현금의 장점(직접 소유)과 디지털의 장점(즉시 전송)을 합쳤다. 마치 현금을 이메일로 보내는 것 같다.

부산에 사는 대학생 아들에게 생활비를 보내는 두 어머니가 있다. 한 명은 은행 송금으로 50만 원을 보낸다. 주말이면 월요일까지 기다려야 한다. 한도가 걸리면 은행에 가야 한다. 다른 한 명은 500 USDC를 보낸다. 일요일 밤 11시든 새벽 3시든 10분이면 도착한다. 물론 아들이 USDC를 받아서 원화로 바꾸는 과정이 필요하다. 아직은 불편한 점이 있지만 이조차도 점점 쉬워지고 있다.

## 진짜 소유의 무게

실물 지갑에 100만 원을 넣고 다니면 불안하다. 잃어버릴까 봐, 도둑맞을까 봐. 하지만 동시에 든든하다. 은행이 문을 닫아도, 정부가 계좌를 동결해도, 이 지갑 속 돈은 내 것이다. 스테이블코인 지갑도 마찬가지다. 시드 문구를 잃어버릴까 불안하다. 하지만 문구를 안전하게 보관하는 한, 그 누구도 내 자산을 가져갈 수 없다는 확신이 있다.

모든 돈을 은행에 맡길 것인가? 일부는 현금으로 갖고 있을 것인가? 아니면 일부를 스테이블코인으로 보관할 것인가? 정답은 없다. 각자의 상황과 성향에 따라 다르다. 하지만 이제 우리에게는 디지털 현금이라는 선택지 하나가 추가되었다.

# 13

# 디지털 지갑 하나에 모든 자산을 담는다면

지갑을 열어보자. 현금 몇 장, 신용카드 서너 개, 신분증, 포인트 카드, 문화상품권, 어디선가 받은 할인 쿠폰까지. 우리의 실물 지갑에는 다양한 종류의 '가치'가 담겨있다. 그런데 이 모든 것을 스마트폰 하나에 담을 수 있다면? 이더리움 지갑은 바로 그런 '디지털 만능 지갑'이다. 단순히 암호화폐만 담는 것이 아니다. 달러(USDC·USDT)는 물론, 디지털화된 금, 토큰화된 상품권, 심지어 NFT 형태의 콘서트 티켓까지 모두 한 곳에 보관할 수 있다.

한국의 금융 생활은 이미 앱 속으로 들어왔다. 은행 앱, 증권 앱, 카드 앱, 간편결제 앱에 더해 포인트와 멤버십까지 합치면, 성인 한 사람이 사용하는 금융 관련 앱은 보통 10개 안팎에 이른다. 계좌마다 로그인하고, 잔액을 확인하고, 이체하는 일은 매일 반복되는 작은 수고이지만, 그 누적은 결코 가볍지 않다.

암호화폐 지갑은 이런 풍경과는 다르다. 이더리움 지갑 하나면 다양한 디지털 자산을 한 곳에서 관리할 수 있다. 스테이블코인도, 토큰도, 심지어 쿠폰처럼 쓰이는 NFT도 모두 한 주소 안에 담긴다. 마치 하나의 지갑에 현금과 카드, 쿠폰이 함께 들어 있는 것과 같다.

## 스테이블코인, 블록체인 네트워크의 기축통화

이더리움 지갑의 가장 큰 장점은 '상호 운용성'이다. 모든 토큰이 같은 표준(ERC-20)을 따르기 때문에, 서로 다른 자산 간 교환이 자유롭다. 지금 당신의 지갑에 1,000 USDC가 있다고 해보자. 금값이 떨어졌다는 뉴스를 보고 금에 투자하고 싶다면? 유니스왑 같은 탈중앙화 거래소에서 클릭 몇 번으로 USDC를 PAXG(금 토큰)로 바꿀 수 있다. 365일 24시간 즉시 거래가 가능하다.

전통 금융에서는 절차가 길다. 달러를 원화로 바꾸고, 그 돈을 다시 증권 계좌로 옮긴 뒤, 금 ETF를 매수하기까지는 통상 2~3일이 걸린다. 이 과정은 은행과 증권사의 영업시간 안에서만 움직이고, 단계마다 수수료가 붙는다. 작은 금액을 옮기든 큰 금액을 옮기든, 그 불편함은 비슷하다. 블록체인 위에서는 풍경이 다르다. 금이나 채권, 심지어 부동산과 예술품까지 다양한 자산이 토큰화되어 이더리움 네트워크에서 거래되고 있다.

**현재 거래 가능한 토큰화된 자산들**

- 스테이블코인: USDC·USDT(달러), EURC(유로), XSGD(싱가포르 달러)
- 상품: PAXG(금), SLV(은), 일부 원자재 토큰
- 증권: 일부 주식 연동 토큰(규제 지역 한정)
- NFT: 디지털 아트, 게임 아이템, 도메인 이름

**가까운 미래에 추가될 자산들**

- 부동산 지분
- 채권
- 실물 상품권
- 탄소 크레딧

스테이블코인은 이 생태계에서 기축통화 역할을 한다. 모든 거래의 중심에 USDC나 USDT가 있다. 금을 사든, NFT를 사든, 다른 토큰을 사든, 대부분 스테이블코인으로 결제한다. 마치 실물 경제에서 석유를 기출통화인 달러로 사는 것과 같다.

## 환전소가 사라진다

전통적인 외환 거래를 떠올려보자. 원화를 유로로 바꾸려면 은행 창구나 앱을 거쳐야 하고, 정산에 통상 하루 이상이 걸린다. 환율 우

대를 받으려면 VIP 등급이 필요하고 수수료도 만만치 않다. 작은 금액이라면 모르겠지만, 큰 금액을 옮길 때는 1~2%의 비용 차이가 곧 수백만 원의 차이로 이어진다.

스테이블코인 세계에서는 풍경이 다르다. USDC를 EURC로 바꾸는 데 걸리는 시간은 1분 남짓, 수수료는 0.3% 안팎이다. 누구나 같은 조건에서 실시간 시장 환율이 적용된다. 지위나 거래 규모와 무관하게 동일한 룰이 적용된다. 더 흥미로운 것은 '삼각 거래'다. 전통 금융에서 원화로 유로를 사고 다시 엔화를 사려면 각 단계마다 시간이 들고 수수료가 붙는다. 그러나 블록체인에서는 스마트 컨트랙트가 최적의 경로를 찾아 한 번의 거래로 처리한다.

이를 수출입 거래에 적용해보자. 유럽에서 받은 대금을 일본 업체에 지불하려면 기존 방식에서는 두 번 환전해야 했고, 총수수료가 3% 넘게 들었다. 하지만 스테이블코인으로 직접 전환하면 수수료가 절반 이하로 줄어든다. 100만 유로 규모라면 수천만 원이 절약된다.

## 콘서트 티켓부터 탄소 크레딧까지

이더리움 지갑의 진정한 혁신은 '모든 것의 토큰화'라는 흐름에서 드러난다. 단순히 돈과 금융 자산을 넘어, 우리 생활 곳곳의 가치가 디지털 토큰의 형태로 바뀌고 있다. 이미 현실이 된 사례도 있다. 미국의 NBA 탑샷Top Shot은 농구 명장면을 NFT로 만들어 판매한다. 르브론 제임스의 덩크슛 하이라이트가 20만 달러에 서래된 적도 있다. 프랑스의 명문 구단 파리생제르맹은 팬 토큰을 발행해, 보유자에게 구단 운영 일부에 참여할 수 있는 권리를 부여했다. 유니폼 디자인이나 경기장 음악 선정에 팬들이 직접 의견을 낼 수 있다.

다가올 미래는 더 흥미롭다. 만약 강남의 한 빌딩을 수백만 개의 토큰으로 쪼개 판매한다면 개인 투자자도 적은 금액으로 부동산에 투자할 수 있게 된다. 월세 수익 역시 토큰 보유 비율에 따라 자동으로 분배될 수 있다. 콘서트 티켓 역시 NFT로 발행될 수 있다. 그렇게 된다면 암표 시장은 사라지고, 거래 내역은 블록체인에 기록되며, 아티스트는 재판매 수익의 일부를 정당하게 돌려받을 수 있다. 공연이 끝난 뒤 티켓은 추억의 디지털 기념품이 된다.

탄소 크레딧 시장도 주목할 만하다. 기업이 구매한 배출권을 토큰화한다면, 개인도 소액으로 탄소 크레딧을 보유할 수 있다. 작은 단위의 참여가 모여 지구적 문제 해결에 기여하는 새로운 길이 열릴 수 있다.

## 한국의 상품권을 일본에서 쓴다

전통적인 자산은 국경을 넘기 어렵다. 한국의 상품권을 미국에서, 일본의 포인트를 유럽에서 쓸 수 있을까? 현실에서는 불가능하다. 그러나 토큰화라는 기술을 거치면 이야기가 달라진다. 가령

신라호텔 포인트가 토큰화된다고 상상해보자. 서울 신라호텔에서 적립한 포인트를 도쿄 신라호텔에서 그대로 쓰고, 필요하다면 이를 USDC로 바꾸어 다른 호텔을 예약하는 것도 가능하다. 친구에게 선물하거나 항공 마일리지와 교환하는 일도 훨씬 간단해진다.

싱가포르항공은 블록체인 기반 지갑 크리스페이$_{KrisPay}$를 도입해, 마일리지를 디지털 화폐처럼 제휴 매장에서 사용할 수 있게 했다. 지금은 싱가포르 내에 국한되어 있지만, 향후 다른 지역으로 확대될 가능성도 열려 있다.

이런 변화가 가져올 가장 큰 의미는 '가치의 민주화'다. 과거에는 대형 투자자만 접근할 수 있었던 자산이 이제는 쪼개져 누구나 참여할 수 있게 된다. 실제로 해외에서는 미술품을 수많은 조각으로 나누어 판매하는 시도가 진행 중이다. 100만 달러짜리 그림의 작은 지분을 100달러에 보유하는 것도 가능해지는 것이다.

## 부동산, 주식, 현금…
## 모든 자산을 하나의 지갑에

한국인의 일반적인 자산 관리 방법은 대략 이런 식이다. 월급 통장은 신한은행, 적금은 카카오뱅크, 주식은 키움증권, 연금은 미래에셋, 외화 예금은 하나은행. 여기에 포인트 카드 다섯 장과 상품권 몇 종. 은행 이름만 다를 뿐 대부분 비슷한 구조로 관리할 것이다. 각각 다른 앱, 다른 비밀번호, 다른 인터페이스. 자신의 자산 현황을 한눈에 보려면 온갖 앱을 일일이 켜서 확인해야 한다.

이더리움 지갑을 사용하는 사람은 메타마스크 지갑 하나에 USDC 같은 스테이블코인, 금 토큰, 디지털 포인트, 콘서트 티켓 NFT, 그리고 미래에는 부동산 지분 토큰까지 넣을 수 있다. 자산 가치는 실시간으로 확인되고, 필요하다면 즉시 다른 자산으로 교환된다.

무엇보다 단순하다. 지갑 하나의 QR코드가 모든 자산의 관문이 된다. 친구에게 돈을 받을 때도, 회사에서 급여를 받을 때도, 혹은 공연 티켓을 선물 받을 때도 모두 같은 주소로 들어온다. 마치 이메일 주소 하나로 모든 메일을 주고받듯이, 단 하나의 지갑 주소가 삶의 자산을 통합하는 것이다.

## 화폐의 개념이 바뀐다

금융 통제와 이를 피하려는 시도는 역사를 따라 반복되어왔다. 1962년 박정희 정부의 화폐개혁 때 사람들은 불안정한 화폐 대신 금을 사들였고, 1997년 IMF 외환위기 때는 달러 현금을 집안에 쌓아두었다. 세계적으로도 금융 억압이 심할수록 스테이블코인의 사용은 눈에 띄게 늘어난다. 베네수엘라, 아르헨티나, 튀르키예, 나이지리아 같은 나라에서는 높은 인플레이션과 자본 통제를 피해 사람들이 디지털 달러를 선택하고 있다.

한국에서도 금융 통제는 낯선 일이 아니다. 2011년 저축은행 사태 때는 약 10만 명이 피해를 입었다. 그 시절 사람들에게는 대안이 없었다. 그러나 이제는 다르다. 은행 예금, 증권계좌, 부동산, 금, 현금에 더해 스테이블코인이라는 새로운 선택지가 생겨났다.

물론 장단점이 있다. 은행 예금은 예금보험과 편의성이 장점이지만, 정부 통제와 은행 파산 위험에서 자유롭지 않다. 스테이블코인은 정부 통제에서 벗어나 24시간 거래가 가능하지만, 발행사 리스크와 기술적 복잡성이 뒤따른다. 그래서 답은 분산이다. 일부 연구자들은 포트폴리오의 일정 부분을 디지털 자산으로 편입하는 것이 리스크 관리에 기여할 수 있다고 본다.

스테이블코인 기술은 계속 진화하고 있다. 복잡한 지갑 주소 대신 이메일처럼 간단하게 사용할 수 있는 '계정 추상화 Account Abstraction'가 도입되고 있고, 시드 문구를 잃어버려도 지정한 지인의 도움으로 지갑을 복구할 수 있는 '소셜 복구 Social Recovery' 기능도 실험되고 있다. 한국은행을 비롯한 여러 나라 중앙은행은 CBDC(중앙은행 디지털 화폐) 시범사업을 추진 중이다. 머지않아 정부가 발행하는 디지털 화폐와 민간이 발행하는 스테이블코인이 공존하게 될 것이다.

금융의 미래는 단일한 체제가 아니다. 전통적인 은행 시스템, 정부의 CBDC, 민간의 스테이블코인, 탈중앙화 금융이 서로 경쟁하면서도 보완하는 다층적 구조가 될 가능성이 크다. 화폐의 개념이 다시 쓰이고 있다.

## 선택지의 증가는 자유의 확대를 의미한다

금융 주권이란, 자신의 자산을 스스로 통제할 수 있는 능력을 말한다. 그동안 이 권한은 제한적이었다. 은행과 정부의 허가 안에서만 계좌를 열고 돈을 움직일 수 있었기 때문이다. 스테이블코인은 이 구조에 균열을 냈다. 완전한 자유는 아니지만 적어도 선택의 폭을 넓혔다. 원칙적으로 정부가 계좌를 동결하더라도, 은행이 파산하더라도 개인 지갑 속 스테이블코인은 영향을 받지 않는다. 하지만 그 자유에는 반드시 책임이 따른다. 시드 문구를 잃으면 누구도 되찾아 줄 수 없고, 해킹이나 사기를 당해도 보상받기 어렵다. 완전한 통제권에는 완전한 책임이 따라온다.

우리는 지금 금융 시스템의 대전환기 한가운데 서 있다. 스테이블코인이 모든 문제의 해답은 아니지만, 개인에게 더 많은 선택지를 제공한다는 점에서 그 의미는 크다. 그리고 선택지가 있다는 것은 자유가 확대되었다는 의미라고도 할 수 있다.

## 3부

# 스테이블코인이 일상이 된다면

## 14
# 법은 멀고 변호사비는 비싸다

직장인 김지강 씨는 2년 전 일을 떠올리면 여전히 씁쓸하다. 대학 동창 조종운이 급하다며 300만 원을 빌려달라고 했고, 그는 선뜻 돈을 내주었다. "다음 달에 갚을게"라는 약속은 지금까지 지켜지지 않았다. 처음 몇 달은 "조금만 더 기다려 달라"는 말을 믿었지만, 시간이 지나자 연락이 뜸해졌다. 1년쯤 지나서는 메시지를 읽고도 답이 없었다. 차용증 같은 건 없었다. 친구 사이에 그런 걸 쓰자고 하기가 민망했다. 그가 가진 증거는 카카오톡 대화 몇 줄이 전부였다.

김지강 씨 같은 경험을 한 사람은 드물지 않다. 실제로 많은 사람들이 돈을 빌려주고도 돌려받지 못한 경험을 가지고 있다. 액수는 몇십만 원에서 수백만 원에 이르기까지 다양하지만, 규모가 작든 크든 상관없이 관계에 깊은 균열을 남긴다. 특히 친구나 지인과의 거래일수록 법적 조치를 취하기보다는 체면이나 관계를 의식해 참고 넘어가는 경우가 많다.

개인 간 금전거래에서 미상환 사례는 상당한 규모에 이를 것으로 추정된다. 그러나 실제로 법적 절차까지 이어지는 경우는 극히 드물다. 복잡한 절차와 낮은 회수 가능성 때문에 많은 사람들이 포기한다. 남는 것은 금전적 손해뿐만 아니라, 믿었던 관계가 무너졌다는 상실감이다.

## 100만 원 받자고 300만 원짜리 소송을 할 수 없다

그렇다면 김지강 씨가 친구에게 빌려준 돈을 돌려받기 위해 선택할 수 있는 법적 절차는 무엇일까? 우선 가장 간단한 방법은 내용증명을 보내는 것이다. 비용은 대략 수만 원 수준이다. 그래도 답이 없으면 법원에 지급명령을 신청할 수 있다. 이 경우 수수료와 송달료를 합쳐 약 10만 원이 든다.

상대방이 이의를 제기하면 사건은 민사소송으로 넘어간다. 여기서부터는 변호사 선임료 등 적지 않은 비용이 발생한다. 수백만 원을 들여 소송을 진행해도, 정작 돌려받을 돈이 그보다 적을 수 있다. 게다가 소송 기간은 수개월 이상 걸리고, 그 사이 법원을 여러 차례 오가야 한다. 설령 승소하더라도 상대방이 자발적으로 갚지 않으면 강제집행 절차를 밟아야 한다. 재산 조회와 집행 비용이 추가되고,

상대방이 이미 재산을 숨기거나 사라졌다면 사실상 방법이 없다. 실제로 소액 채권은 재판에서 이겨도 실제 회수율이 매우 낮다. 승소 판결을 받아도 돈을 돌려받기는 쉽지 않다.

한 인테리어 업자는 수개월간의 시공을 마치고 800만 원의 잔금을 받지 못했다. 내용증명과 지급명령, 소송까지 갔지만, 그 과정에서 변호사비와 소송비로 수백만 원을 썼다. 결국 승소 판결을 받았지만, 발주처는 이미 폐업한 뒤였다. 강제집행도 무의미했다. 그는 이렇게 토로했다. "차라리 처음부터 포기하는 게 나았을 거예요. 시간과 돈만 더 들었죠."

## '믿음'과 '양심'에 기댈 수밖에 없는 계약의 한계

일상의 거래는 대부분 '신뢰'에 기반한다. 친구와의 돈거래, 프리랜서 계약, 중고거래, 계모임… 모두 상대방이 약속을 지킬 것이라는 믿음에서 시작된다. 하지만 이 믿음이 깨지는 순간, 우리가 기댈 곳은 법뿐이다. 그러나 법은 너무 멀고, 비싸고, 느리다. 결국 많은 사람들은 '그냥 잊어버리자' 하고 스스로를 위로한다.

한국의 사법 시스템이 특별히 뒤처지는 것은 아니다. 오히려 선진국 가운데서도 제도는 잘 정비된 편이다. 문제는 법원은 분쟁이 터진 '이후'에만 개입한다는 것이다. 판사는 누가 옳은지 판단할 뿐, 돈을 대신 받아주지는 않는다. 변호사는 도움을 줄 수 있지만 비용이 만만치 않다.

근본적인 문제는 '증명'이다. 돈을 빌려줬다는 사실을 어떻게 입증할 것인가? 차용증이 있어도 "강요에 의해 쓴 것"이라고 주장하면? 카카오톡 대화가 있어도 "장난이었다"고 하면? 송금 기록이 있어도 "선물이었다"고 우길 수 있다. 결국 법정에서는 진실을 밝히는 일이 아니라, 누가 더 많은 증거를 제시하고 누가 더 그럴듯한 주장을 하느냐의 싸움이 된다. 이 과정에서 감정은 상하고, 시간은 흐르고, 비용은 늘어난다. 금전 분쟁과 관련된 민사소송은 매일 수백 건씩 제기되고, 소송 기간은 수개월 이상, 비용은 수백만 원에 이른다. 이것이 우리가 살아가는 현실이다. 종이에 쓴 계약서, 말로 한 약속, 믿음과 양심. 그것들이 깨지는 순간 우리는 무력하다.

## 스테이블코인의 가장 강력한 기능: 자동화된 계약서, 스마트 컨트랙트

그렇다면 방법은 없을까? 만약 애초에 약속을 어길 수 없게 만들고, 신뢰가 아니라 시스템이 자동으로 약속을 지켜준다면? 이것이 바로 스테이블코인이 가진 가장 강력한 기능, 스마트 컨트랙트다. 스마트 컨트랙트는 '코드로 쓰인 계약'으로 해석할 수 있다. 즉 '자동으로 실행되는 약속'이다. 예를 들어 "A가 B에게 12월 1일까지 300만 원 가치의 스테이블코인을 갚는다. 만약 갚지 않으면 A의 다른 담보 자산을 B에게 자동으로 넘긴다"와 같은 계약을 코드로 작성해 블록체인에 올리는 것이다.

일단 계약 내용이이 블록체인에 기록되면, 그 누구도 내용을 바꾸거나 삭제할 수 없다. 그리고 약속한 날짜가 되면 인간의 개입 없이 시스템이 자동으로 계약 내용을 확인하고 이행한다. 돈을 갚았다면 계약은 정상적으로 종료되고, 갚지 않았다면 담보로 잡힌 자산이 즉시 채권자에게 넘어간다. 감정에 호소하거나, 연락을 피하거나, 법원에서 증거를 다툴 필요가 없다.

물론 이 역시 완벽하지는 않다. 코드 자체에 오류가 있거나 해킹의 위험이 존재할 수 있다. 그러나 적어도 '믿었는데 배신당했다'는 인간적인 상처와 분쟁 과정의 고통은 피할 수 있다. 처음부터 서로를 믿을 필요 없이, 오직 '코드'라는 시스템만 신뢰하면 되기 때문이다.

300만 원과 함께 10년 우정을 잃었던 김지강 씨는 요즘 스마트 컨트랙트를 공부하고 있다. 다시는 같은 실수를 반복하지 않기 위해서다. 그는 말한다. "다음에 누군가 돈을 빌려달라고 하면, 스마트 컨트랙트로 하자고 할 거예요. 차갑게 들릴지 모르지만, 이게 오히려 우정을 지키는 방법인 것 같아요."

# '돈 갚아'라는 말이 사라진 세상

 많은 직장인들이 월급날을 앞두고 일시적인 자금 부족을 경험한다. 신용카드 현금서비스를 쓰자니 연 18%에 달하는 높은 이자가 부담스럽고, 마이너스 통장을 열어도 연 8~12%의 금리가 만만치 않다. 친구에게 손을 벌리는 것도 쉽지 않다.

 회사원 윤석천 씨는 다른 방법을 찾았다. 다음 달 받을 성과급 500만 원을 담보로 당장 300만 원을 빌리는 것이다. 회사의 급여 시스템과 연동된 스마트 컨트랙트를 통해서다. 작동 방식은 간단하다. 윤 씨가 플랫폼에 접속해 '미래 급여 담보 대출'을 신청하면, 회사 인사팀은 성과급 지급 예정액을 확인한다. 이후 성과급 500만 원 중 300만 원이 우선 상환되도록 설정하고, 대출자는 즉시 300만 원을 송금한다. 한 달 뒤 성과급이 지급되면 자동으로 대출이 상환된다.

이런 방식은 이미 해외에서 현실이 되고 있다. 미국에서는 2023년부터 페이롤파이낸스Payroll Finance라 불리는 서비스가 확산되었다. 직원은 미래 급여를 담보로 저금리 대출을 받고, 회사는 직원 복지 차원에서 이를 지원한다. 한국에서도 2025년을 전후해 일부 IT 기업들이 도입을 검토하고 있다는 이야기가 나오고 있다.

## 프리미엄 콘서트 티켓을 담보로 대출을 받는다?

BTS 콘서트 VIP 티켓 가격은 100만 원을 훌쩍 넘는다. 문제는 공연이 반 년 뒤라는 점이다. 당장은 돈이 급하지만, 티켓을 포기하기에는 아깝다. 그렇다면 이 티켓을 담보로 대출을 받을 수는 없을까?

기술적으로는 이미 충분히 가능한 시나리오다. 디지털 티켓이 NFT 형태로 발행되면, 티켓 역시 하나의 자산으로 취급된다. 예를 들어 100만 원짜리 콘서트 티켓 NFT를 담보로 제공하면, 시가의 60%인 60만 원을 대출받는다. 공연 전까지 원금을 상환하면 티켓은 그대로 돌아오고, 만약 갚지 못하면 티켓은 자동으로 거래소에서 판매된다.

사실 이런 흐름은 이미 시작됐다. 앞서 소개한 NBA 탑샷은 경기 명장면을 디지털 자산으로 만들어 판매한다. 최근에는 이러한 NFT를 담보로 자금을 빌리는 실험도 등장했다. NFT 담보 대출 시장은 아직 초기 단계지만, 매달 수백만 달러 규모의 거래가 이뤄지고 있다.

콘서트 티켓, 스포츠 경기 시즌권, 항공 마일리지까지도 NFT로 발행된다면 어떨까? 단순한 소비재를 넘어, 담보가 되고, 현금 흐름을 만들어내는 자산이 될 수 있다. 아직은 가능성의 영역이지만, 스테이블코인과 함께 다가올 미래다.

## 주식담보대출, 증권사 없이도 가능하다

변찬호 씨는 삼성전자 주식 천만 원어치를 보유하고 있다. 급전이 필요하지만, 지금 당장 주식을 팔고 싶지는 않다. 증권사에서 담보 대출을 받을 수 있지만, 연 6~8%의 높은 금리와 제한적인 한도가 부담스럽다.

만약 주식을 토큰화해 스마트 컨트랙트에 담보로 맡길 수 있다면 어떨까? 천만 원 상당의 주식 토큰을 담보로 예치하면, 시가의 절반인 500만 원을 즉시 대출받는다. 이자는 연 4% 수준으로, 증권사보다 저렴하다. 주가가 하락하면 자동으로 경고가 발송되고, 일정 수준 이하로 떨어지면 담보는 자동 매도된다.

이런 개념은 이미 해외에서 실험되고 있다. 스위스의 백드파이낸스Backed Finance는 테슬라와 애플 같은 전통 주식을 토큰화해 블록체인 상에서 거래할 수 있는 서비스를 제공하고 있다. 아직 초기 단계지만, 이러한 토큰이 담보 대출에 활용되는 시도도 조금씩 늘어나고 있다.

한국은 아직 불가능하다. 하지만 2025년 논의되고 있는 '디지털 자산기본법'이 시행되면, 전통 자산의 토큰화와 함께 담보 활용 가능성도 열릴 수 있다. 주식을 팔지 않고도 자금을 확보하는 새로운 방식이 머지않아 열릴 것이다.

## 일하는 만큼 실시간으로 급여를 받는다

스타트업에서 일하는 강민구 씨의 가장 큰 고민은 불규칙한 월급이었다. 회사 사정에 따라 며칠씩 늦는 것은 흔한 일이고, 한번은 한 달이나 밀린 적도 있었다. 안정적인 소득이 보장되지 않으니, 마음 놓고 생활하기가 어려웠다.

글로벌 기업들은 이미 이런 문제에 대한 해답을 찾고 있다. 이더리움 기반의 사블리에Sablier라는 프로토콜은 이른바 '스트리밍 급여'를 제공한다. 월급을 한 번에 받는 것이 아니라, 일한 시간만큼 급여가 실시간으로 쌓인다. 초 단위로 돈이 들어오는 것이다.

한국의 일부 블록체인 스타트업도 비슷한 실험을 시작했다. 예를 들어, 클라이언트 대금이 스마트 컨트랙트로 입금되면, 계약된 순서에 따라 직원 급여와 사무실 임대료가 자동으로 지급된다. 심지어 CEO라도 이 순서를 바꿀 수 없다.

## 할머니의 유산, 대학 갈 때만 찾을 수 있게

70대 김 모 할머니는 손자 셋에게 각각 5천만 원씩 남기고 싶다. 하지만 한번에 모두 주면 혹시 낭비하지 않을까 걱정된다. 할머니의 바람은 단순하다. 손자들이 대학에 진학해 등록금과 생활비로만 쓰기를 바라는 것이다.

기존의 방법은 신탁은행에 자금을 맡기거나 변호사를 통해 유언을 집행하는 것이다. 하지만 신탁 수수료가 연 2~3%에 달하고, 법적 절차를 거치면 비용도 만만치 않다. 무엇보다 가족 간 분쟁의 가능성을 완전히 없앨 수도 없다.

만약 이 과정을 스마트 컨트랙트로 구현할 수 있다면 어떨까? 예를 들어, 할머니가 1억 5천만 원을 스마트 컨트랙트에 예치해두고 조건을 설정한다. 대학 합격증과 등록금 고지서를 제출하면 자동으로 지급되고, 한 학기당 최대 500만 원까지만 사용할 수 있다. 그리고 손자가 25세가 되면 남은 잔액을 자유롭게 쓸 수 있도록 규정하는 것이다.

해외에서는 이미 이런 '목적 신탁' 개념을 블록체인과 결합하려는 시도가 이루어지고 있다. 특히 교육비나 의료비처럼 특정 목적에 한정된 자산 이전에 스마트 컨트랙트를 적용하려는 실험이 늘고 있다. 아직은 초기 단계지만, 세대를 넘어 자산을 보다 투명하고 공정하게 이전할 수 있는 가능성을 보여준다.

## 카드 빚을 월급에서 자동으로 차감하기

2030년, 회사원 김진우 씨는 의지가 약하다. 카드빚 500만 원을 갚겠다고 다짐하지만, 월급날만 되면 다른 지출 유혹에 흔들리곤 한다. 그가 선택한 방법은 '자발적 급여 담보 상환'이다. 회사와 협의해 월급 일부를 자동으로 카드사에 보내도록 설정한 것이다. 월급 400만 원 중 100만 원은 곧바로 카드사로 송금되고, 나머지 300만 원만 그의 계좌로 들어온다. 5개월이면 빚이 모두 사라진다.

이미 일부 국가에서는 급여 공제형 저축제도나 자동 상환 시스템이 운영되고 있다. 예컨대 미국의 401(k) 퇴직연금이나 학자금 상환 프로그램처럼, 월급에서 일정 금액이 자동 공제되어 적립·상환된다.

스마트 컨트랙트가 도입되면 이런 시스템이 훨씬 더 투명하고 유연해질 수 있다. 직원이 동의한 조건에 따라, 급여 일부가 자동으로 채무 상환에 사용된다. 사람의 의지에 기대지 않고 코드가 실행을 보장하는 것이다.

약속의 방식이 바뀌고 있다. 말로 하는 약속에서 코드로 보장하는 약속으로. 먼 미래의 이야기가 아니다. 이미 시작됐고, 빠르게 확산되고 있다. 한국도 스테이블코인 제도화와 함께 이러한 변화가 본격화될 가능성이 크다.

# 16

# 계주가 도망갈 수 없는 '유리상자 계모임'

　한국에서는 매년 계모임과 관련한 사기 사건이 꾸준히 발생하고 있다. 금융감독원에 접수된 피해 사례만 수천억 원 규모에 이르는 것으로 알려져 있으며, 신고되지 않은 사례까지 고려하면 실제 피해 규모는 더 크다. 왜 이런 일이 반복되는가? 계모임의 구조적 문제를 먼저 이해할 필요가 있다.

　전통적인 계모임은 신뢰를 기반으로 운영된다. 예컨대 10명이 매달 일정 금액을 모아 한 명씩 차례대로 목돈을 받는 방식이다. 문제는 계주가 모든 자금을 관리한다는 점이다. 돈이 계주의 개인 계좌로 모이고, 계주가 이를 당첨자에게 전달한다. 이 과정에서 계주가 자금을 유용하거나 잠적하는 사건이 발생하기도 한다. 실제 언론에도 계주가 수억 원대 계돈을 들고 사라지는 사건이 보도된 바 있다.

피해자들이 민사소송에 나서더라도, 계주가 이미 개인파산을 신청한 경우 돌려받기가 사실상 어렵다.

디지털 계모임은 구조적으로 이러한 문제를 줄일 수 있다. 참여자들은 각자의 디지털 지갑을 만들고, 미리 설정된 규칙을 담은 스마트 컨트랙트를 생성한다. 매달 특정일에 각자의 지갑에서 동일한 금액의 스테이블코인이 자동 이체되고, 모든 참여자가 입금하면 사전에 정해진 순서에 따라 당첨자에게 자동 지급된다. 만약 누군가 입금하지 않으면, 그 사람은 자동으로 순서에서 제외되고 나머지 참여자들이 분배를 이어가는 방식이다.

핵심은 투명성이다. 모든 거래가 블록체인에 기록되어 참여자들이 언제든 확인할 수 있다. 계주라는 중간 관리자가 없기 때문에 돈을 빼돌리거나 도주하는 문제가 구조적으로 차단된다.

해외에서는 디지털 ROSCA(회전식 상호금융) 모델이 확산되는 추세다. 일부 플랫폼은 동남아시아 지역에서 활발히 운영되며 상당한 거래 규모를 기록하고 있다.

## 내 기부금이 엉뚱한 곳에 쓰이지 못하게

자선단체의 기부금 횡령은 오래된 문제다. 한국에서도 반복적으로 유사 사건이 발생하고 있다. 국세청이 2025년 발표한 자료에 따르면, 최근 324개 공익법인이 기부금 부정사용 등 회계 부정으로 적발되어 약 250억 원의 세금이 추징됐다. 이 과정에서 법인 이사장이 법인카드로 귀금속을 구매하거나, 상품권을 환전해 개인 계좌로 유용하는 등 기부 목적과 무관한 사용 사례가 드러났다. 또 일부는 공익법인 명의로 고급 아파트를 구입해 가족이 무상으로 거주한 사례도 있었다. 공익법인이 약 4만여 곳에 달하는 현실에서, 국세청 담당자 1명이 평균 500곳 이상을 관리해야 하는 구조적 한계도 투명성 부족의 원인으로 지적된다.

기부자들의 가장 큰 불만 역시 투명성 부족이다. 내 기부금이 실제로 후원 아동의 급식비로 쓰였는지, 아니면 단체 운영비나 인건비로 사용됐는지 확인하기 어렵다. 연례 보고서가 발간되지만, 그것은 전체 통계일 뿐 개별 기부금의 사용처까지 추적하기는 불가능하다.

이러한 문제를 보완하기 위해 최근에는 블록체인과 스마트 컨트랙트 기반 기부 시스템이 도입되고 있다. 예를 들어, 미국의 비트기브재단BitGive Foundation이 운영하는 기브트랙GiveTrack 플랫폼은 기부자가 자신의 기부금이 어디에 어떻게 쓰이는지를 실시간으로 확인할 수 있다. 기부금 흐름과 프로젝트 성과가 블록체인에 기록되어 누구나 검증할 수 있다는 점에서 기존 시스템과 차별화된다.

국제적으로는 유엔세계식량계획World Food Programme,WFP의 빌딩블록스Building Blocks 프로젝트가 대표적이다. 난민 지원 현장에서 블록체인과 스마트 컨트랙트를 활용하여 식량 바우처 지급 과정을 자동화하고, 중개 비용을 줄이며, 거래 기록을 투명하게 관리했다. 이를 통해 난민들이 보다 신속하고 공정하게 지원을 받을 수 있었다.

러시아-우크라이나 전쟁 이후에는 암호화폐 기반 긴급 기부가 활발히 이루어졌다. 전 세계에서 수천만 달러 규모의 암호화폐가 모금되었으며, 우크라이나 다오(UkraineDAO)나 더기빙블록(The Giving Block) 같은 플랫폼을 통해 기부자들은 자금의 이동 경로를 블록체인 상에서 직접 추적할 수 있었다. 이는 전통적 국제 송금보다 빠르고 투명한 방식으로 평가받았다.

이처럼 실제 사례들은 스마트 컨트랙트와 블록체인 기술이 기부금 사용의 투명성, 효율성, 신뢰성을 크게 개선할 수 있음을 보여준다. 앞으로 한국에서도 이러한 시도가 확산된다면, 기부자와 단체 간의 신뢰 회복에 기여를 할 수 있을 것이다.

## 로또 1등 당첨, 추첨부터 지급까지 100% 투명하게

복권은 세금 다음으로 오래된 정부 수입원이다. 그러나 조작과 부정 의혹이 늘 따라다닌다. 한국에서도 로또를 둘러싼 불신은 꾸준하다. "왜 당첨자는 특정 지역에서만 반복적으로 나오는가," "추첨 방송이 녹화라면 조작 가능성이 있는 것 아닌가"와 같은 의문이 반복된다. 실제로 해외에서는 복권 제도의 신뢰를 뿌리째 흔든 사건이 있었다. 2020년 미국 아이오와 주 복권 보안 담당자였던 에디 팁

턴Eddie Tipton은 난수 생성기를 조작해 수년간 당첨 결과를 바꾸었고, 수백만 달러의 부당이익을 챙긴 혐의로 실형을 선고받았다. 한국에서도 복권 판매점 직원이 손님의 당첨 복권을 가로챈 사건이 보도된 적이 있다. 이런 사례들은 규모와 무관하게 전체 복권 시스템에 대한 불신을 키운다.

블록체인 기반 복권은 이러한 문제를 해결하기 위한 대안으로 주목받고 있다. 대표적인 것이 풀투게더PoolTogether라는 무손실 복권이다. 참여자들은 일정 금액을 예치한다. 이 돈은 디파이 프로토콜에 맡겨 이자를 발생시키고, 일정 기간이 지나면 추첨을 통해 당첨자가 모든 이자를 가져간다. 당첨되지 않은 사람들도 원금은 그대로 돌려받는다. 말 그대로 잃을 것이 없는 복권이다.

추첨 과정은 완전히 투명하다. 체인링크VRF Chainlink VRF라는 검증 가능한 난수 생성기를 사용하기 때문에 결과가 블록체인에 기록되고 누구나 확인할 수 있다. 조작이 사실상 불가능한 구조다. 당첨이 확정되는 즉시 스마트 컨트랙트가 자동으로 당첨금을 지급한다. 따로 은행에 가서 수령할 필요도 없고, 기다릴 필요도 없다. 세금도 자동으로 계산되어 차감된다.

풀투게더의 주간 상금 풀은 평균 5만 달러 수준이고, 전 세계 수십만 명이 참여하고 있다. 특히 은행 금리가 낮아 저축 이익이 거의 없는 국가에서 인기가 높다. 당첨자의 지갑 주소가 공개되지만, 그 주인이 누구인지 알 수 없어 익명성이 보장된다. 한국 로또처럼 당첨자가 동네방네 소문나거나 친척들이 돈을 빌려달라고 찾아오는 일도 없다.

물론 한계도 있다. 당첨금 규모가 기존의 로또보다 작다. 수십억 원이 걸린 1등 대박은 없다. 하지만 투명성과 공정성을 원하는 사람들에게는 충분히 매력적인 대안이다. 실제 이용자들 사이에서도 전통 복권보다 신뢰할 수 있다는 평가가 많다.

이처럼 스마트 컨트랙트는 돈이 관련된 모든 곳에서 투명성을 제공한다. 계모임이든, 기부금이든, 복권이든, 사람이 아니라 코드가 모든 것을 처리한다. 조작할 수 없고, 횡령할 수 없으며, 숨길 수 없다. 우리는 점점 더 '유리상자' 같은 금융을 경험하고 있다. 모든 것이 드러나고, 검증 가능하며, 자동으로 실행된다. 완벽하지는 않지만, 불투명한 기존 시스템보다는 확실히 낫다.

## 17

# 깡통전세는 이제 그만

한국의 전세 보증금 규모는 수백조 원에 이른다. 국내총생산의 상당 비율에 해당하는 돈이 임대인 개인 계좌에 흩어져 있지만, 이 돈이 실제로 존재하는지, 어디에 쓰이고 있는지는 세입자가 알 방법이 없다. 오직 계약 만료일에 "보증금을 돌려달라"고 요구할 때 비로소 확인할 수 있다.

2022년 인천 미추홀구에서 발생한 이른바 '빌라왕 사건'은 이러한 불투명성이 빚어낸 대표적 사례였다. 보증금 피해 규모가 수조 원대에 이르렀고, 수천 명의 세입자가 피해자가 되었다. 한 건물에서만 수억 원이 사라진 경우도 있었다. 임대인은 받은 전세금을 바탕으로 다른 빌라를 매입하며 '갭투자'를 확대했다. 보증금으로 빌라 수백 채를 돌리는 구조는 집값이 하락하면서 곧바로 무너졌다.

전세금 2억 원을 낸 집의 시세가 1억 5천만 원으로 떨어지자 임대인은 파산했고, 세입자는 보증금을 돌려받지 못했다. 경매로 넘어간 집은 선순위 근저당이 잡혀 있어 세입자가 받을 돈은 없었다.

현행 제도에서 세입자가 할 수 있는 일은 제한적이다. 전세 계약 전 등기부등본을 확인해 근저당을 살펴보는 정도다. 그러나 계약 다음 날 임대인이 추가 대출을 받으면 이를 알 길이 없다. 전세보증보험도 마찬가지다. 전체 전세 계약의 약 3분의 1만 가입돼 있으며, 보험료 부담도 적지 않다. 예컨대 2억 원 전세금의 경우 수십만 원에서 백만 원 안팎의 보험료가 필요하다. 무엇보다 집값 하락 자체를 보험사가 막아줄 수 없다. 2023년 한 해에만 전세 관련 분쟁이 10만 건 이상 접수됐고, 그중 상당수가 '보증금 미반환' 문제였다. 법적으로 판결을 받아도 임대인에게 돈이 없으면 돌려받을 길이 없다.

스마트 컨트랙트 기반 전세는 이 구조를 근본적으로 바꿀 수 있다. 전세금은 임대인의 개인 계좌가 아니라 스마트 컨트랙트 에스크로에 보관된다. 세입자가 2억 원을 입금하면, 계약 기간 동안 이 돈은 자동으로 동결된다. 임대인이 마음대로 인출할 수 없고, 계약 만료 시점에 세입자가 퇴거하면 전세금은 자동 반환된다. 재계약할 경우 스마트 컨트랙트가 조건을 연장한다.

핵심은 '조건부 인출'이다. 임대인이 전세금을 사용하려면 세입자의 동의가 필요하거나 다른 담보를 제공해야 한다. 예를 들어 "전세금 중 1억 원을 사업 자금으로 쓰고 싶다"고 하면, 동일한 가치의 부동산이나 금융자산을 스마트 컨트랙트에 담보로 넣어야 한다.

더 나아가 스마트 컨트랙트는 실시간 담보인정비율LTV을 관리할 수 있다. 현재는 세입자가 임대인의 추가 대출 여부를 사후에야 알게 되지만, 스마트 컨트랙트가 등기부와 연동된다면 상황이 달라진다. 임대인이 추가 대출을 시도할 경우 즉시 세입자에게 알림이 가거나, 아예 시스템이 차단할 수 있다.

예컨대 집 시세가 3억 원, 전세금이 2억 원, 기존 대출이 5천만 원이라면 총부채는 2억 5천만 원으로 LTV는 83%다. 이 상황에서 임대인이 5천만 원을 추가 대출하면 LTV가 100%가 된다. 스마트 컨트랙트는 이를 자동으로 거부하고, 세입자에게 위험 신호를 전달한다.

## 임대인이 보증금을 어디에 썼는지 다 볼 수 있다면?

임대인 입장에서도 장점이 있다. 전세금을 투명하게 운용하면 더 낮은 보증금으로도 세입자를 구할 수 있다. 예를 들어 임대인이 전세금 2억 중 1억 5천만 원을 국채에 투자한다고 하자. 이 내역이 블록체인에 기록되고 세입자가 실시간으로 확인할 수 있다. 국채는 안전자산이므로 세입자도 안심한다.

반대로 임대인이 전세금을 변동성이 큰 코인이나 주식에 투자한다면 상황이 다르다. 세입자는 블록체인에 기록된 내역을 보고 위험하다고 판단해, 추가 담보를 요구하거나 계약 조건을 조정할 수 있다. 이는 아직 현실화되지 않은 구상에 가깝지만, 스마트 컨트랙트 기반 전세 시스템이 도입된다면 충분히 가능한 시나리오다.

### 전세보증금 일부를 월세로 자동 전환하기

전세에서 반전세나 월세로 전환하는 과정도 스마트 컨트랙트를 통해 자동화될 수 있다. 예컨대 전세금 2억 원을 보증금 1억 원과 월세 50만 원으로 나누어 계약을 변경한다고 가정해보자. 스마트 컨트랙트는 이를 다음과 같이 설정할 수 있다. 보증금 1억 원은 에스크로 계좌에 보관하고, 나머지 1억 원은 임대인이 운용한다. 매달 1일이 되면 세입자의 지갑에서 월세 50만 원이 자동으로 이체되고, 3개월 이상 연체되면 보증금에서 해당 금액이 차감된다.

이런 시스템이 도입된다면, 세입자는 월세 납부를 깜빡 잊어도 자동으로 처리되고, 임대인은 제때 월세를 받지 못할 걱정을 덜 수 있다. 계약 변경과 월세 납부 관리가 모두 코드에 의해 운영되는 것이다.

## 전세 제도가 나아갈 길

한국의 전세 가구는 전체의 약 15.5%, 약 320만 가구에 이른다. 이들이 맡긴 전세금 규모는 약 680조 원으로 추산된다. 현재 구조에서는 이 막대한 돈이 임대인의 자금 운용과 신뢰에 크게 의존한다. 세입자는 계약 만기 시점이 되어야만 보증금을 돌려받을 수 있는지 알 수 있다.

스마트 컨트랙트는 이러한 불확실성을 줄여줄 수 있다. 임대인이 악의적으로 전세금을 빼돌리거나, 실수로 자금을 날릴 위험을 원천적으로 줄인다. 자금은 자동으로 관리되고, 거래 내역은 투명하게 기록되며 사후 조작이 불가능하다. 이 기술이 도입된다면, 깡통전세로 인한 불안 역시 완화될 수 있다. 전세금 수백조 원이 투명한 시스템 안에서 관리되는 날, 한국의 주거 안정성은 한층 높아질 것이다.

전세 계약은 통상 2년 이상 장기이기 때문에, 가치가 안정적으로 유지되는 디지털 자산이어야 한다. 또한 프로그래밍이 가능해야 조건부 실행 같은 자동화 기능을 구현할 수 있다. 결국 안정성과 디지털화가 결합될 때, 새로운 전세 제도의 가능성이 열린다.

# 내 다짐이 돈이 되는 '약속 통장'

건강관리와 보험은 오랫동안 따로 움직여왔다. 그러나 최근 들어 이 두 영역이 기술을 매개로 빠르게 결합하고 있다. 미국의 보험사 존핸콕John Hancock은 피트니스트래커Fitenss Tracker와 같은 웨어러블 기기 데이터를 보험료에 반영하는 프로그램을 운영하고 있다. 가입자가 매일 일정 걸음 수를 달성하거나 운동 습관을 유지하면, 건강 개선에 따라 보험료를 할인받는 구조다.

핀란드에서는 노키아Nokia와 OP금융그룹이 블록체인을 활용해 헬스 데이터를 기록하고, 건강 활동 성과에 따라 자동으로 혜택을 제공하는 시범 사업을 진행했다. 이처럼 웨어러블 기기에서 나온 데이터가 스마트 컨트랙트를 통해 처리된다면, 일정 조건을 달성했을 때 보험료가 자동으로 줄어드는 구조도 가능하다. 예컨대 하루 1만

보를 달성하면 일정 비율이 할인되고, 혈당을 안정적으로 유지하면 추가 혜택이 반영되는 방식이다. 모든 과정이 블록체인에 기록되기 때문에 보험사와 가입자 모두 결과를 투명하게 확인할 수 있다.

환경 분야에서도 유사한 시도가 이어지고 있다. 홍콩에서는 마스터카드와 스탠다드차타드Standard Charted 은행이 블록체인을 활용한 탄소배출권 거래 시범 사업을 진행했다. 토큰화된 탄소배출권이 블록체인상에서 거래되면서 절감된 탄소량이 투명하게 기록되고 실시간으로 검증되었다. 이는 기존의 복잡한 행정 절차를 줄이고 기업과 개인이 보다 직접적으로 참여할 수 있는 길을 열어준다. 학계에서도 블록체인 기반 탄소 거래 연구가 활발히 이루어지고 있으며, 스마트 컨트랙트를 통해 탄소 절감 행동에 자동으로 보상을 지급하는 모델이 제시되고 있다.

아직 초기 단계이지만 건강관리에서든, 탄소절감에서든, 조건을 코드로 만들고 그 결과를 자동으로 집행하는 시스템이 가능해진다. 블록체인에 기록된 데이터는 위·변조가 어렵고, 누구나 검증할 수 있다. 덕분에 "정말 약속한 대로 행동했는가?"라는 신뢰 문제를 제3자의 감시가 아닌 기술로 해결할 수 있다.

## 학자금 대출과 취업을 연결한 호주의 실험

대학생 최지은 씨는 한 학기 등록금 400만 원이 늘 부담스럽다. 학자금 대출로 간신히 등록했지만, 졸업 후 갚아야 할 빚을 생각하면 마음이 무겁다. 한국장학재단의 2023년 자료에 따르면, 학자금 대출 연체율은 약 6% 수준이다. 그중 상당수는 미취업 상태에서 상환 능력이 없는 경우였고, 반대로 취업자의 상환율은 매우 높은 편으로 나타났다. 결국 문제의 핵심은 취업 여부와 상환 능력을 어떻게 자동으로 연결할 수 있는가에 있다. 호주는 이 문제를 일찍이 제도적으로 풀었다. HECS헬프 HECS-HELP라는 소득 연계 상환 시스템을 도입해, 졸업생의 연봉이 일정 수준을 넘으면 자동으로 학자금 상환이 시작되도록 했다. 세금처럼 원천징수되는 방식이다.

만약 이 과정을 자동화할 수 있다면 어떨까? 국세청 소득 데이터와 연동해, 본인이 동의하는 경우 월급이 일정 금액을 넘으면 자동으로 상환이 시작된다. 실직하면 자동으로 유예되고, 다시 취업하면 즉시 상환이 재개된다. 복잡한 신고와 행정 절차 없이, 투명하고 공정하게 운영될 수 있다. 일부 국가에서는 소득 연계 상환 제도의 디지털화를 실험하는 파일럿 프로그램이 시작됐다. 참여자들의 상환 편의성이 크게 개선되었고, 제도에 대한 신뢰 역시 높아졌다.

한국에서도 '소득 연계형 학자금 상환제'가 시행되고 있다. 졸업 후 소득이 일정 기준을 넘으면 상환이 시작되고, 소득이 없거나 낮을 경우에는 상환이 유예된다. 여기에 스마트 컨트랙트가 결합된다면 상환 시스템은 한층 더 정교해질 수 있다. 예컨대 졸업 후 국민연금 가입이나 근로소득이 확인되면 일정 비율의 월급이 자동으로 상환에 반영되고, 실직 시점에서는 즉시 중단된다. 개인이 별도로 신고하거나 증명하지 않아도 국세청, 국민연금공단, 고용노동부 데이터와 연동되어 코드가 자동으로 실행되는 것이다.

더 나아가 학업 성취를 반영하는 모델도 구상할 수 있다. 성적이 블록체인에 기록되어 학점이 높을수록 대출 금리가 낮아지는 것이다. 성적이 향상되면 기존 금리가 조정되어 차액을 돌려받는 방식도 가능하다. 아직 현실화된 제도는 아니지만, 스마트 컨트랙트 기반 금융이 갖는 '조건부 실행'이라는 특성이 교육·금융 분야에도 적용될 수 있음을 보여주는 사례다.

## 월세와 관리비의 정산: 자동으로, 투명하게

한국의 임대차 분쟁은 매년 수십만 건에 이른다. 가장 흔한 쟁점은 보증금 반환 지연, 관리비 과다 청구, 수선비 부담이다. 분쟁이 길어지면 몇 달씩 소요되기도 하며, 그 사이 임차인이 새 집의 월세와 기존 집의 보증금을 동시에 부담하는 경우도 생긴다.

아미스콘클루전AMIS Conclusion은 블록체인 기반 임대차 계약 파일럿을 진행한 바 있다. 임대료 지불, 유지보수 요청, 계약 조건 변경 등이 자동으로 처리되면서 행정 효율성과 분쟁 예방 효과를 확인했다. 학계에서도 블록체인 임대 시스템 연구가 활발히 이어지고 있으며, 임대인과 임차인 모두 계약 조건을 실시간 검증할 수 있다는 점이 장점으로 꼽힌다.

예컨대 보증금은 스마트 컨트랙트 에스크로에 예치되고, 월세는 매월 자동 이체된다. 주택에 문제가 생겼는데 임대인이 일정 기간 내 조치하지 않으면, 임차인이 직접 수리하고 비용을 다음 달 월세에서 자동 공제하는 구조도 가능하다. 관리비 역시 투명하게 관리될 수 있다. 엘리베이터 전기료, 청소 용역비, 인건비 같은 지출이 블록체인에 기록되어 입주민이 실시간으로 확인할 수 있고, 잉여금은 자동으로 차감되거나 환불된다. 계약 종료 시 보증금 반환도 자동화된다. 파손이 없으면 곧바로 반환되고, 파손이 있으면 사전에 합의된 기준에 따라 차감 후 지급된다.

아직 한국에서 본격적으로 도입된 사례는 없지만, 공공임대주택이나 민간 플랫폼에서 시범 적용이 이루어진다면 임대차 시장의 신뢰와 투명성을 크게 높일 수 있을 것이다.

### "대금 지급 걱정을 왜 하나요?"

중소기업들의 만성적인 고민 중 하나는 하도급 대금을 제때 지급받지 못한다는 점이다. 2023년 중소기업중앙회의 조사에 따르면,

수급사업자의 34.3%가 하도급 대금을 법정 기한인 60일을 넘겨 지급받았다고 응답했다. 원사업자의 계약서 교부율은 77.5%, 수급사업자의 수령율은 85.5%에 이르렀지만, 여전히 3분의 1 이상이 기한 초과 지급을 경험하고 있다. 일부는 지연이자 등으로 보전받았다고 답했지만, 그 비율은 41.6%에 불과했다.

   이 문제를 해결하기 위한 방안으로 조달청은 블록체인과 스마트 컨트랙트를 활용한 '스마트 조달 시스템' 연구 실험 계획을 발표한 바 있다. 만약 이 구상이 실현된다면, 정부 발주 공사에서 원도급자가 지급받은 대금이 계약 당시 등록된 비율에 따라 자동으로 배분될 수 있다. 예를 들어 도로 공사 대금 100억 원이 지급되는 순간, 아스팔트 납품업체 몫 20억 원, 신호등 설치업체 몫 10억 원이 곧바로 해당 업체 계좌로 전송되고, 원도급자는 나머지 금액만 수령하는 방식이다.

   이 구조는 다단계 하도급에도 적용 가능하다. 1차 협력사가 다시 하도급을 주었다면, 그 비율 역시 사전에 등록되어 자동 분배된다. 모든 거래 내역이 블록체인에 기록되므로, 불법 다단계 하도급이나 페이퍼컴퍼니를 통한 중간 착취가 차단될 수 있다

## 19

# 내 돈이 밤새 일하게 하는 법

---

 2024년 3월 15일 새벽 2시, 부산에서 횟집을 운영하는 김충수 씨는 다급한 상황에 놓여 있었다. 냉동고가 고장 나면서 30만 원 상당의 활어가 죽을 위기에 처한 것이다. 새로운 냉동고를 사려면 200만 원이 필요했지만, 은행 창구는 월요일에야 문을 연다. 김 씨는 매달 카드 매출 800만 원이 꾸준히 발생하고 있었다. 만약 이 매출을 담보로 즉시 대출을 받을 수 있다면 어땠을까?

 이 장면은 충분히 가능한 미래의 모습이다. 상상 속에서 김 씨는 스마트 컨트랙트 대출 플랫폼을 통해 향후 3개월간의 카드 매출채권을 담보로 잡고, 200만 원을 즉시 대출받는다. 카드사 API와 연동된 스마트 컨트랙트가 매달 매출에서 70만 원씩 자동으로 차감해 상환한다. 김 씨가 일부러 갚지 않으려 해도 불가능하다. 매출이 입금되는 순간 자동으로 차감되기 때문이다.

　은행 대출은 신용 평가, 서류 검토, 담보 설정 등 여러 단계가 필요하다. 반면 스마트 컨트랙트 기반 대출은 신용이 아니라 현금흐름에 의존한다. 매출이 담보라면 필요한 순간 바로 대출이 실행되는 것이다.

## 이자를 더 받는데 왜 모두에게 이득인가?

　은행의 구조를 살펴보자. 김 씨가 은행에 천만 원을 예금하면 연 3.5%의 이자를 받을 수 있다. 세금을 제하면 실제 수령액은 약 30만 원 정도다. 같은 은행에서 박 씨가 천만 원을 대출받으면 연 7%의 이자를 내야 한다. 70만 원이다. 이 둘의 차이, 즉 예대마진 3.5%포인트는 어디로 갈까? 은행 직원의 급여, 건물 임대료, 전산 시스템 유지비, 예금보험료, 각종 규제 준수 비용 등을 충당하고도 은행이 이익을 남겨야 한다. 그래서 예금 금리와 대출 금리 사이에 상당한 차이가 발생한다.

　만약 김 씨와 박 씨가 직접 연결된다면 어떨까? 김 씨는 5%의 이자를 받고, 박 씨는 5.5%의 이자를 낸다고 가정해보자. 김 씨는 은행에 맡겼을 때보다 1.5%포인트 더 받고, 박 씨는 은행에서 빌렸을 때보다 1.5%포인트 덜 낸다. 둘 다 이익이다.

　물론 위험은 존재한다. 박 씨가 돈을 갚지 않는다면, 김 씨는 손해를 볼 수밖에 없다. 그래서 담보나 신용 평가 같은 장치가 필요하다.

바로 이 지점에서 은행의 존재 이유가 드러난다. 은행은 단순히 돈을 빌려주고 받는 역할을 넘어서, 위험을 관리하고 신뢰를 보장하는 중개자 역할을 하는 것이다.

## 누구나 쉽게 이해하는 담보 대출의 원리

동네 금은방에서 금목걸이를 맡기고 돈을 빌린다. 약속한 날짜에 돈을 갚으면 목걸이를 돌려받고, 갚지 못하면 금은방이 목걸이를 팔아 빌려준 돈을 회수한다. 단순한 구조다.

스마트 컨트랙트 기반 담보 대출도 원리는 같다. 다만 금목걸이 대신 디지털 자산, 이를테면 이더리움이나 비트코인을 맡기는 것이다. 예컨대 300만 원어치 이더리움을 담보로 맡기고 200만 원을 빌린다고 하자. 왜 담보가 대출금보다 많아야 할까? 암호화폐 가격은 변동성이 크기 때문이다. 만약 이더리움 가격이 250만 원으로 떨어지면 시스템은 자동으로 경고를 보낸다. "추가 담보를 넣거나 일부를 상환하세요." 그럼에도 무시하고 가격이 220만 원까지 떨어지면 스마트 컨트랙트가 자동으로 담보를 매각해 대출금 200만 원을 회수한다. 남은 20만 원은 다시 돌려준다.

가혹해 보이지만 논리는 명확하다. 대출자는 담보를 잃을 위험을 감수하는 대신 신용 조회 없이 즉시 돈을 빌릴 수 있다. 반대로 자금을 제공하는 사람은 원금 손실 위험이 줄어든 상태에서 이자를 받을 수 있다. 물론 시스템 리스크나 시장 급변 상황 같은 변수가 여전히 존재하지만, '담보 기반 자동 대출'이라는 기본 구조만큼은 전당포와 크게 다르지 않다. 다만 차이가 있다면, 이 모든 과정이 은행 창구가 아니라 코드에 의해 24시간 자동으로 이루어진다는 점이다.

## 부동산 중개수수료 아깝지 않나요?

서울에서 원룸을 구한다. 전통적인 방식은 부동산 중개업소를 통하는 것이다. 중개수수료를 내야 한다. 반면 집주인과 직접 계약하는 P2P 방식이라면 수수료가 없어 더 저렴하다. 금융도 이와 비슷하다. 은행이라는 중개업소를 거치지 않고, 돈이 필요한 사람과 여유 자금을 가진 사람이 직접 만나면 비용을 줄일 수 있다.

예를 들어 치킨집을 운영하는 한 자영업자가 있다. 그는 매달 약 500만 원의 순이익을 내지만, 분기마다 내야 하는 1,200만 원의 로열티가 큰 부담이다. 은행 대출은 이미 한도를 채워 더 이상 이용할 수 없다. 이때 그는 향후 3개월간의 순이익(1,500만 원 예상)을 담보로 P2P 대출 플랫폼을 통해 1,200만 원을 빌린다. 투자자 50명이 각자 24만 원씩 빌려주는 구조다. 약정 이자율은 월 1.5%. 3개월 후 그는 원금 1,200만 원과 이자 54만 원을 합쳐 1,254만 원을 상환한다. 투자자들은 각자 24만 원을 빌려주고 25만 원을 돌려받아, 1만 원의 수익을 얻는다. 은행 적금보다 훨씬 높은 수익률이다.

이처럼 P2P 금융은 은행의 전통적 중개 구조를 거치지 않고, 자금 수요자와 공급자를 직접 연결한다는 점에서 큰 의미가 있다. 다만 그만큼 투자자는 대출자의 상환 능력에 따른 위험을 감수해야 하므로, 신용 평가와 분산 투자 같은 안전장치가 함께 필요하다.

## 실시간으로 변하는 이자율

전통적인 은행에서는 대출 금리가 몇 개월 동안 거의 고정되어 있는 경우가 많다. 하지만 스마트 컨트랙트 기반 대출은 자금의 수요와 공급에 따라 이자율이 실시간으로 변동한다. 마치 시장에서 가격이 형성되는 원리와 비슷하다.

예를 들어, 디파이 플랫폼인 아베Aave와 컴파운드Compound에서는 스테이블코인 대출 금리가 보통 연 2~3% 수준에서 형성된다. 그런데 특정 시기, 학자금이나 세금 납부 등으로 자금 수요가 몰리면 이자율이 4~5%까지 오르기도 한다. 이후 수요가 해소되면 다시 2~3%대로 안정된다. 이런 변동은 자금이 필요한 사람에게는 더 빠른 조달 기회를, 여유 자금을 가진 사람에게는 더 높은 수익 기회를 제공한다.

변동성은 위험이 아니라 시장 자원을 효율적으로 배분하는 장치가 된다. 급히 돈이 필요한 사람은 조금 더 높은 이자를 감수하여 즉시 자금을 얻을 수 있고, 자금을 공급하는 사람은 이자율이 높을 때

더 큰 보상을 얻는다. 이처럼 수요와 공급에 따라 자동으로 조정되는 금리 구조는, 전통 은행 시스템에서는 경험하기 어려운 금융의 유연성을 보여준다.

## 실제로 어떻게 사용할 수 있을까?

스마트 컨트랙트 기반 대출은 전 세계적으로 수십만 명이 이용하는 서비스로 자리잡고 있다. 한국에서도 조금씩 관심과 참여가 늘고 있다. 그렇다면 사람들은 이 시스템을 어떻게 활용할 수 있을까?

### 케이스 1: 계절 장사 자영업자

해수욕장에서 펜션을 운영하는 박 씨는 여름철에는 손님이 몰려 현금이 풍부하지만, 겨울철에는 수입이 거의 없다. 여름에는 여유자금 2천만 원을 예치해 매달 약 8만 원의 이자를 벌고, 겨울에는 운영자금 천만 원을 대출받아 버틴다. 다음 여름에 대출을 갚고 다시 자금을 예치하는 식이다. 연간으로 따지면 예치 이자로 약 50만 원을 확보할 수 있다.

### 케이스 2: 프리랜서의 수입 관리

그래픽 디자이너 이 씨는 프로젝트 단위로 일하기 때문에 수입이 들쭉날쭉하다. 큰 프로젝트가 끝나면 수입의 70%를 예치하고, 수입이 없는 달에는 생활비만큼 대출을 받는다. 이렇게 자금을 굴리면 월평균 약 12만 원의 이자 수익을 기대할 수 있다. 불규칙한 소득을 일정한 현금 흐름으로 바꿔주는 것이다.

**케이스 3: 은퇴자의 연금 보충**

국민연금 월 80만 원으로 생활이 빠듯한 김 씨는 퇴직금 중 2천만 원을 스마트 컨트랙트 플랫폼에 예치하여 매달 약 8만 원의 추가 수입을 얻는다. 1년이면 약 100만 원이 더해져 연금만으로는 부족한 생활비를 어느 정도 보완할 수 있다. 필요할 경우 이 자금을 담보로 대출을 받아 응급 상황에 대응할 수도 있다.

물론 완벽한 시스템은 아니다. 스마트 컨트랙트 코드에 오류가 있을 수 있고, 실제로 2022년에는 수천억 원 규모의 해킹 사건이 발생해 큰 손실이 났다. 담보로 맡긴 자산 가격이 급락하면 손실을 볼 수도 있고, 규제 당국이 새로운 규제를 도입할 가능성도 존재한다.

하지만 중요한 점은 선택권이 생겼다는 것이다. 은행이 더 적합한 사람은 은행을 이용하면 된다. 예금보험 제도가 있고, 창구에서 상담도 받을 수 있으며 안정적이다. 반대로 스마트 컨트랙트가 맞는 사람은 그것을 선택하면 된다. 24시간 이용할 수 있고, 이자율이 높으며, 신용조회를 거치지 않는다.

## 20

## 노래 한 곡을 30초만 듣고 5원만 낸다?

한국의 디지털 콘텐츠 시장은 수십조 원 규모로 성장했지만, 창작자에게 돌아가는 몫은 전체의 30%대에 불과하다. 나머지는 플랫폼과 광고주가 가져간다. 유튜브는 광고 수익의 55%를 창작자에게 배분한다고 밝히지만, 계산 방식은 공개하지 않는다. 소비자 입장에서도 불편은 있다. 5분 영상을 보려면 30초 광고를 봐야 하고, 프리미엄 구독료를 내도 자신이 지불한 금액이 얼마나 창작자에게 전달되는지 알 수 없다.

이런 구조를 바꿀 수 있다면 어떨까? 스트림페이StreamPay라는 가상의 브라우저 확장 프로그램을 상상해보자. 영상을 재생하는 순간 초당 0.01원이 창작자에게 직접 송금된다. 10분짜리 영상을 끝까지 보면 6원이 나가고, 30초만 보고 끄면 0.3원만 지불한다. 광고를 강제로 볼 필요 없고 창작자는 정산을 기다릴 필요 없다.

창작자 입장에서도 변화가 크다. 예를 들어 구독자 5만 명을 보유한 요리 유튜버가 있다. 기존에는 월 광고 수익이 120만 원이었지만, 시청자의 10%만 스트림페이를 이용해도 월 80만 원이 추가된다. 총수익은 200만 원으로 늘어나 수익이 66% 증가하는 셈이다.

핵심은 소비자와 창작자의 직접 연결이다. 소비자가 지불한 돈이 플랫폼을 거치지 않고 창작자에게 곧바로 전달된다. 수수료는 극히 낮게 유지되며, 플랫폼의 비율이 거의 사라진다. 아직은 상상에 불과하지만, 이런 구조가 도입된다면 광고에 의존하지 않고도 창작자가 안정적으로 수익을 얻는 길이 열리게 된다.

## 웹툰 작가 정산 문제 사라진다?

한국 웹툰 시장은 2024년 2조 원대 규모로 성장했지만, 작가들의 수익 구조는 여전히 불합리한 부분이 있다. 플랫폼은 광고와 유료 결제 수익의 상당 부분을 가져가고, 작가는 고정 원고료와 일부 인센티브에 의존한다. 작가들의 불만은 정산 시기다. 원고료는 월 단위로 지급되고, 인센티브는 분기별로 정산된다. 작가는 3개월이 지나서야 자신의 작품이 얼마를 벌었는지 확인할 수 있으며, 그마저도 플랫폼이 제공하는 데이터를 신뢰할 수밖에 없다.

창작자 수익 분배와 관련해 오디시Odysee는 새로운 방식을 도입했다. 블록체인 기반으로 운영되는 이 플랫폼은, 사용자가 영상을 시청하거나 후원할 때 암호화폐가 곧바로 창작자에게 전달된다. 모든 거래가 블록체인에 기록되어 투명하게 공개되며, 플랫폼이 가져가는 몫은 최소화된다.

이 방식을 웹툰에도 적용할 수 있다. 플랫폼 툰파이ToonFi가 있다고 가정해보자. 독자가 웹툰 한 화를 볼 때마다 100원 상당의 토큰을 내면, 90원이 작가에게, 9원이 번역가나 편집자에게, 1원이 플랫폼 운영비로 자동 분배된다. 모든 정산은 실시간으로 이뤄지고 누구나 검증할 수 있다.

작가 입장에서는 변화가 크다. 예컨대 회당 평균 조회수 10만 회를 기록하는 작가라면, 기존 플랫폼에서는 회당 200만 원의 원고료와 분기 인센티브 300만 원을 받는다. 하지만 툰파이 구조에서는 회당 900만 원(10만 명 × 90원)을 받을 수 있다.

더 나아가 부분 소유권 판매 같은 새로운 자금 조달 방식도 가능하다. 향후 100화의 수익 중 10%를 미리 팬들에게 판매한다고 하자. 천 명이 각자 10만 원씩 투자해 1억 원이 모이면, 작가는 이 돈으로 어시스턴트를 고용하고 작업실을 마련한다. 팬들은 이후 매화마다 발생하는 수익의 10%를 나눠 받는다. 일종의 크리에이터 펀딩이 스마트 컨트랙트로 자동 실행되는 셈이다.

## 1초 단위로 지급되는 음악 스트리밍 로열티

2024년 한국 음악 스트리밍 시장은 약 1조 원 규모로 성장했지만, 음원 한 곡이 재생될 때 창작자가 받는 돈은 평균 7원에 불과하다. 이마저도 제작사·유통사·플랫폼이 나눠 갖고 나면 실제 아티스트에게 돌아가는 몫은 1~2원 수준이라는 지적이 많다.

튠.에프엠Tune.fm은 이러한 문제를 다른 방식으로 풀고 있다. 사용자가 곡을 들은 시간만큼 비용을 지불하도록 설계됐다. 스트리밍 1분당 0.01달러가 자동으로 과금되고, 그중 95%가 아티스트 지갑으로 곧바로 송금된다. 3분 30초짜리 곡을 끝까지 들으면 약 35원이 결제되고, 30초만 듣다 끄면 5원만 결제된다. 아티스트는 스트리밍 직후 곧바로 수익을 확인할 수 있으며, 복잡한 정산 절차도 필요 없다.

더 나아가 튠.에프엠은 실시간 분배 기능도 실험하고 있다. 밴드의 경우 보컬, 기타, 드럼, 프로듀서 등 각자의 지분을 스마트 컨트랙트에 미리 설정해두면, 음악이 재생될 때마다 수익이 자동으로 분배된다. 기존에는 수개월이 걸리던 정산이 몇 초 만에 끝나는 것이다.

튠.에프엠 사례는 음악 산업이 투명하고 창작자 중심적인 구조로 바뀔 수 있음을 보여준다. 더 이상 몇 원 단위의 불투명한 정산에 의존하지 않고, 듣는 즉시 아티스트에게 보상이 돌아가는 시대가 열리고 있는 것이다.

## 플랫폼 중심에서 창작자 중심으로

마이크로페이먼트가 가능해진 것은 스테이블코인 덕분이다. 0.01원 같은 극소액도 송금할 수 있고, 수수료는 기존 금융망보다 훨씬 저렴하다. 전통 금융 시스템에서는 불가능했던 일이다. 신용카드 최소 결제 금액이 100원으로 제한된 것도 수수료 구조 때문이라는 점을 떠올리면 이해가 쉽다. 전 세계 마이크로페이먼트 시장은 이미 수십억 달러 규모로 성장했으며, 앞으로는 천억 달러 이상으로 확대될 것이다.

물론 과제도 있다. 사용자 경험이 아직 복잡하다. 지갑을 만들고, 스테이블코인을 구매해야 하며, 가스비 구조를 이해해야 한다. 대중화되려면 훨씬 단순해져야 한다. 규제도 과감하게 변해야 한다. 금융당국 역시 새로운 결제 수단에 대한 규제 프레임워크 마련을 검토 중이다.

플랫폼의 독점적 지위가 흔들리고, 창작자와 소비자가 직접 연결되는 시대가 오고 있다. 광고에 의존하지 않고, 콘텐츠 자체로 수익을 내는 모델이 점차 확산되고 있다. 본 만큼, 들은 만큼, 읽은 만큼만 지불하는 방식이 일상이 될 것이다.

## 21

# 동네 빵집에
# 1만 원 투자하고 매일 배당받기

한국의 자영업자는 약 560만 명에 이른다. 많은 이들이 자금 조달에 어려움을 겪는다. 은행 대출은 신용등급과 담보를 요구하고, 금리도 만만치 않다. 정부 지원금은 조건이 까다롭고 절차가 복잡하다. 결국 상당수는 사채나 카드론 같은 고금리 금융에 의존하게 된다.

소비자 입장에서도 아쉬움은 있다. 단골 가게를 응원하고 싶어도 방법이 마땅치 않다. 크라우드펀딩은 일회성에 그치고, 선결제는 부담이 크다. 주식회사가 아닌 개인사업자에게는 정식으로 투자하는 것도 불가능하다.

이 간극을 메우는 하나의 구상으로 마이크로 투자가 있다. 스마트 컨트랙트를 통해 동네 가게와 주민을 직접 연결하는 방식이다. 예를 들어, 서울 마포구의 한 빵집이 오븐 교체와 인테리어 개선에

3천만 원이 필요한 상황이다. 은행 대출 대신 동네 주민들에게 투자를 받는다. 최소 투자금은 1만 원, 최대 100만 원. 총 150명이 참여해 3,200만 원을 모았다.

투자 구조는 간단하다. 투자자는 향후 3년간 매출의 일정 비율을 받는다. 1만 원 투자자는 매출의 0.01%, 100만 원 투자자는 1%를 받는 식이다. POS 시스템과 연동된 스마트 컨트랙트가 매일 자정에 그날의 매출을 확인하고 자동으로 배당금을 지급한다.

만약 하루 평균 매출이 200만 원이라면, 1만 원 투자자는 하루 200원, 한 달이면 약 6천 원을 받는다. 연수익률로 치면 70%가 넘는다. 매출이 줄면 배당도 줄어들지만, 투자자들은 단순히 수익만을 기대하지 않는다.

투자자가 곧 홍보대사가 되기도 한다. 이를 테면 투자자들이 빵집을 자주 찾고 지인들에게 입소문을 낸다면 매출이 오를 수 있다. 예컨대 일일 매출이 200만 원에서 320만 원으로 60% 늘어난다면, 투자자 수익도 함께 증가한다.

## 100억짜리 빌딩을 1만 원 단위로 쪼개서 공동 소유하기

부동산 투자는 오랫동안 부자들의 전유물이었다. 최소 투자금액이 수억 원에 달하고, 관리도 복잡하다. 리츠REITs가 대안으로 존재하지만, 한국에서는 선택지가 제한적이고 수익률도 높지 않다. 해외에서는 이미 다양한 시도가 등장했다. 스위스, 미국, 아랍에미리트 등지에서는 상업용 빌딩을 토큰화해 소액으로 분할 투자하는 사례가 실제로 있다. 블록체인 위에 자산을 올려놓고 누구나 지분 단위로 거래할 수 있는 방식이다.

이 원리를 한국 상황에 적용해보자. 강남의 한 상업용 빌딩이 블록체인 기반 분할 소유 방식을 도입했다. 빌딩 가치 100억 원을 100만 개의 토큰으로 나누고, 토큰 한 개의 가격은 1만 원으로 설정한다. 최소 투자금액은 1만 원, 최대 1억 원이다.

결과는 놀랍다. 단 3일 만에 완판, 투자자는 8,200명에 달한다. 대학생부터 은퇴자까지 다양하며, 평균 투자금액은 122만 원이다. 임대 수익 배분도 자동화된다. 빌딩의 월 임대료가 8천만 원이라면, 관리비와 세금을 제하고 남은 순수익 5,500만 원이 매달 1일 오전 9시에 스마트 컨트랙트를 통해 자동 분배된다. 토큰 1개를 가진 투자자는 매월 550원을 받는다. 연수익률 약 6.6%다.

토큰은 필요할 때 자유롭게 사고팔 수도 있다. 만약 토큰 가격이 12,300원으로 올랐다면, 초기 가격 대비 23% 상승한 셈이다. 강남 부동산 가격 상승이 곧바로 토큰 가치에 반영된다.

한 투자자는 "100만 원으로 강남 빌딩의 지분을 가질 수 있다니 믿기지 않는다. 매달 들어오는 임대 수익을 확인할 때마다 뿌듯하다"며, 매달 일정 금액을 추가로 투자한다.

물론 리스크도 존재한다. 공실이 생기면 임대 수익이 줄고, 부동산 가격이 떨어지면 토큰 가격도 하락한다. 하지만 소액으로 여러 빌딩에 분산 투자할 수 있다는 점에서 선택의 폭을 넓혀준다. 해외의 사례들은 이러한 모델이 머지않아 한국에서도 가능해질 수 있음을 예고한다.

## 인스타그램 게시물의 미래 광고 수익 일부를 미리 판매하기

소셜미디어 인플루언서의 수익 구조는 불안정하다. 팔로워가 많아도 광고 계약이 없으면 수익이 없고, 광고를 지나치게 많이 하면 팔로워가 떠난다. 적절한 균형을 찾기가 쉽지 않다.

미국의 랠리Rally는 인플루언서와 크리에이터들이 자신만의 토큰을 발행해 팬들에게 판매할 수 있도록 했다. 이를 통해 창작자는 광고 계약 없이도 직접 자금을 조달할 수 있었고, 팬은 단순한 팔로워를 넘어 창작자의 성장에 투자자가 되었다. 또 다른 사례인 프렌드테크Friend.tech에서는 엑스X(구 트위터) 인플루언서들의 영향력이 '키key'라는 토큰 가격에 반영되어 거래된다. 팔로워 수와 인기에 따라 가격이 변동하며, 팬들이 적극적으로 참여하는 투자형 커뮤니티가 형성되었다.

적용하면 인플루언서들의 일상이 다음과 같이 바뀔 수 있다. 인스타그램 팔로워 10만 명을 보유한 여행 인플루언서 정은하 씨가 자신의 토큰 'EUNHA'을 발행했다. 총발행량 100만 개 중 20만 개(20%)를 팬들에게 개당 천 원에 판매해, 총 2억 원을 모았다. 이 돈으로 김 씨는 세계 일주 콘텐츠를 제작한다. 광고 수익이 발생하면 20%가 토큰 보유자들에게 자동으로 분배된다. 기존에는 수익 분배에 대한 신뢰에 의문이 있었으나 스마트 컨트랙트는 이런 불안감을 없애준다.

토큰 가치는 정 씨의 인기에 따라 변한다. 팔로워가 늘고 광고 단가가 오르면 토큰 가격도 상승한다. EUNHA 토큰은 6개월 만에 천 원에서 1,450원으로 올랐다. 팔로워 수가 10만에서 18만으로 늘어난 영향이다.

이런 구조에서는 팬이 단순한 구독자가 아니라 투자자가 된다. 자신들의 투자 가치를 높이기 위해 인플루언서의 콘텐츠를 공유하고 홍보한다. 인플루언서 역시 팬들의 자금이 뒷받침된 만큼 더 책임감 있게 콘텐츠를 제작하게 된다.

### 소비를 할수록 투자가 되는 마법

이런 마이크로 투자가 만드는 변화는 개별 가게나 인플루언서를 넘어 지역 경제 전체를 바꿀 가능성이 있다. 영국 브리스톨에서는 2012년부터 '브리스톨 파운드'라는 지역화폐가 운영되었다. 단순히 결제 수단에 그치지 않고, 주민들이 지역 상점과 서비스에 지불하면서 지역 내 자금이 돌게 하는 효과를 거두었다. 참여 상점이 수백 곳에 달했고, 지역 소비가 늘어나면서 "돈이 지역 밖으로 빠져나가지 않는다"는 평가를 받았다.

만약 이 모델에 투자 기능까지 결합된다면 어떨까. 주민들이 지역화폐로 동네 가게에 투자하고, 가게는 매출의 일부를 투자자에게 돌려주는 구조가 가능해진다. 투자자들은 단골이 되어 가게를 꾸준히 찾고, 매출이 늘면 투자 수익도 함께 증가한다. 고객과 상인의 관계가 아니라, 공동체의 이해관계자로 묶이는 것이다.

1만 원으로 빌딩의 지분을 사고, 동네 빵집의 주주가 되며, 좋아하는 인플루언서의 성공에 동참할 수 있다. 이것이 가능한 이유는 두 가지다. 첫째, 스마트 컨트랙트가 복잡한 수익 분배를 자동화한다. 둘째, 스테이블코인이 0.01원 단위의 정산도 가능하게 한다.

물론 모든 투자에는 리스크가 있다. 가게가 망할 수도 있고, 부동산 가격이 떨어질 수도 있으며, 인플루언서의 인기가 식을 수도 있다. 하지만 소액으로 분산 투자할 수 있다는 점이 리스크를 줄인다. 더 중요한 것은 투자의 의미가 달라지고 있다는 사실이다. 수익을 추구하는 것을 넘어, 커뮤니티에 참여하고, 동네를 살리고, 창작자를 응원하며 함께 성장하는 방식이 되고 있다.

## 22

# 게임 속 '전설의 검'을 맡기고
# 실제 돈을 빌리다

우리가 '자산'이라고 부르는 것의 범위가 넓어지고 있다. 게임 아이템, 마일리지, 탄소배출권, 심지어 개인 데이터까지 거래되고 가치 평가의 대상이 된다. 지금의 금융 시스템에서는 여전히 통장 속 현금만이 제대로 인정받지만, 새로운 금융 플랫폼들은 이 흐름을 다르게 본다. 비전통적 자산도 담보로 인정 될 가능성이 열리고 있다.

예를 들어 프리랜서 디자이너 김유리 씨의 자산 목록에는 통장에 500만 원, 이더리움 0.5개, 항공사 마일리지 15만 점, 신세계 포인트 8만 점, 모바일 게임 계정, 인스타그램 팔로워 3만 명이 있다. 전통 금융에서는 500만 원만 자산으로 인정되지만, 스마트 컨트랙트 기반의 새로운 서비스라면 이 다양한 항목이 잠재적 담보로 활용될 수 있다.

어느 날 김 씨가 갑작스러운 병원비 200만 원이 필하다. 그는 에

셋브릿지Assetbridge 플랫폼을 통해 마일리지 15만 점(시가 약 180만 원)과 게임 계정(시가 약 120만 원)을 담보로 맡기고, 200만 원 상당의 스테이블코인을 대출받는다. 대출 기간은 2개월, 월 이자는 1.5%다. 마일리지는 항공사와 연동된 API를 통해 동결되고, 게임 계정은 임시로 에스크로에 귀속된다. 상환이 끝나면 담보 자산은 자동으로 반환된다.

은행이었다면 신용대출조차 어려웠을 상황에서, 자신이 가진 '비전통적 자산'으로 문제를 해결하는 셈이다. 물론 이 사례는 상상에 불과하지만, 해외에서는 아케이드Arcade 같은 플랫폼들이 NFT나 게임 아이템을 담보로 대출을 제공하는 실험을 하고 있다. 아직 초기 단계지만, 자산의 정의가 바뀌면서 금융의 문턱도 함께 낮아지고 있다.

## 탄소배출권부터 주차권까지 판매 가능한 자산이 된다

탄소배출권은 이제 기업만의 이야기가 아니다. 해외에서는 개인 단위 탄소 예산제를 실험하려는 시도가 이어지고 있다. 영국 환경식품농무부Department for Environment Food and Rural Affairs, DEFRA는 한때 국민 1인당 탄소 배출량을 정해 초과분은 구매하고, 절약분은 판매할 수 있는 제도를 연구한 바 있고, 북유럽 일부 국가에서도 비슷한 논의가 있었다. 제도가 본격 도입되지는 않았지만, 개인 탄소배출권이 거래 가능한 자산이 될 수 있다는 가능성을 보여준다.

서울에 사는 환경운동가 김채영 씨는 대중교통만 이용하고 채식을 한다. 연간 탄소 배출량은 1.5톤 수준에 불과하다. 남은 2.5톤의 배출권을 판매해 연 250만 원의 수익을 얻는다. 더 나아가 향후 3년간 절약할 배출권 7.5톤을 미리 선매도하고 600만 원을 받는다. 기업 세계에서는 이미 배출권 선물거래가 활발히 이뤄지고 있지만, 개인이 참여하는 구조는 아직 상상의 영역이다.

주차권도 금융상품이 될 수 있다. 강남의 한 오피스 빌딩이 주차권을 NFT로 발행한다. 월주차권 가격은 30만 원이지만, 실제로는 매일 출근하지 않는 사람들이 많다. NFT를 보유한 사람은 사용하지 않는 날을 시간 단위로 재판매할 수 있다. 컨설턴트 김지호 씨는 주 2일만 출근하기 때문에 나머지 3일분을 재판매하고, 월 96만 원을 벌어 순이익 66만 원을 남긴다. 주차권이 수익 창출 자산이 되는 것이다.

아직 한국에서는 이런 실험이 현실화되지 않았지만, 해외에서는 NFT를 활용한 티켓팅이나 좌석·이용권 거래 서비스가 운영되고 있다. 이를 주차권에 적용하는 것은 그리 먼 이야기가 아닐 것이다.

탄소배출권이든, 주차권이든, 지금까지는 소비로만 여겨졌던 것들이 스마트 컨트랙트를 통해 금융 자산으로 전환된다. 제도가 뒷받침되기 전까지는 상상의 영역이지만, 해외 사례들이 보여주듯 그 현실성은 눈앞에 와 있다고 할 수 있다.

## 의사의 미래 수입으로 지금 투자 받기

미래 수익을 담보로 자금을 조달하는 것은 기업의 전유물이었다. 기업은 채권을 발행하거나 미래 매출채권을 유동화해 자금을 끌어온다. 하지만 개인에게는 이런 수단이 막혀 있었다.

해외에서는 이를 개인에게 확장한 시도가 있었다. 미국과 유럽 일부 대학에서는 학생들이 학자금 마련을 위해 소득공유계약Income Share Agreement, ISA을 체결했다. 졸업 후 일정 기간 동안 소득의 일부를 투자자에게 배분하는 방식이다. 제도적 한계로 널리 확산되지는 못했지만, 개인의 미래 수익을 기반으로 자금을 조달할 수 있다는 가능성을 보여줬다.

2030년, 의대생 최용준 씨는 졸업까지 2년, 전문의까지 6년이 남았다. 학비와 생활비로 매년 5천만 원이 필요하지만, 학자금 대출은 한계가 있고 아르바이트를 하기도 쉽지 않다. 그는 퓨처인컴토큰Future Income Token을 발행한다. 전문의가 된 후 10년간 연봉의 5%를 토큰 보유자에게 지급하는 조건이다. 토큰은 총 천 개 개당 40만 원에 판매되어 4억 원을 모았다.

두자자들이 관심을 가진 이유는 명확하다. 전문의 평균 초봉은 약 1억 2천만 원, 10년 차에는 2억 원을 넘는다. 10년간 평균 연봉을 1억 6천만 원으로 잡으면, 연간 배당은 약 800만 원이다. 이를 천 명이 나누면 1인당 연 8천 원, 10년간 8만 원이다. 투자금 40만 원 대비

2% 수익률에 불과해 보이지만, 최 씨의 성적이 우수하고 피부과나 성형외과 전문의가 된다면 수익률은 훨씬 올라갈 수 있다. 일종의 벤처 투자와 유사한 성격이다.

최 씨의 토큰은 의료계 선배와 가족·친구, 그리고 일반 투자자들에게 골고루 분산되어 판매된다. 투자자들은 단순히 금전적 수익뿐 아니라, 유망한 후배 의사를 응원한다는 의미도 담게 된다.

### 이것도 금융상품이 될 수 있다

스마트 컨트랙트의 진정한 힘은 '조립 가능성'에 있다. 서로 다른 자산과 조건을 조합해 새로운 금융상품을 만들어낼 수 있다는 것이다. 2030년 여름, 기록적인 폭염이 이어지자 시민들은 앞다투어 '폭염 헤지 상품'에 가입한다. 이 상품은 기상청 데이터와 연동되어, 하루 최고기온이 33도를 넘는 날이 한 달에 15일 이상이면 자동으로 보상금이 지급된다. 하루당 1만 원씩, 보험료는 월 5만 원이다. 만약 폭염일이 20일이면 5만 원을 받아 본전이고, 25일이면 10만 원을 받아 5만 원의 이익이 된다. 전기요금 폭탄을 헤지하는 셈이다. 만약 8월 한 달간 27일이 33도를 넘으면 가입자들이 12만 원씩을 받는다. 2000년대 초반 미국에서 농가와 에너지 기업들이 활용했던 날씨 파생상품이 이제는 개인의 일상 금융으로 확장된 것이다.

예측 시장도 새로운 산업으로 자리잡는다. K-POP 차트를 두고 'BTS의 새 앨범이 빌보드 1위를 차지할 확률은?,' '에스파가 멜론 차트 정상에 오를 가능성은?' 같은 질문에 수많은 사람들이 베팅한다. 단순한 도박이 아니라, 산업 분석과 마케팅 도구로도 활용된다. 엔터테인먼트 회사들은 이 데이터를 참고해 전략을 짠다. 이는 2020년대 미국의 폴리마켓 같은 예측 시장 플랫폼에서 정치·경제 이벤트를 대상으로 운영되던 흐름이 대중문화 영역으로 확장된 현상이다.

더 복잡한 상품도 등장한다. '김치 프리미엄 스프레드 옵션'은 한국과 미국의 비트코인 가격 차이에 베팅하는 구조다. 차이가 5% 이상 벌어지면 수익, 2% 이하로 좁혀지면 손실이다. 암호화폐 거래자들은 환율 변동을 헤지하기 위해 이 상품을 활용한다. 2010년대부터 존재하던 '김치 프리미엄' 현상이 정식 금융상품으로 진화한 모습이다.

이처럼 2030년의 금융은 상상력이 곧 상품이 되는 시대다. 과거에는 기업과 기관의 영역에 머물렀던 파생상품과 예측 시장이 이제는 개인의 손안에서, 스마트 컨트랙트라는 언어로 구현된다.

## 모든 것이 연결되는 금융 생태계

혁신은 개별 상품이 아니라, 서로 연결된 생태계 전체에서 나올 것이다. 스테이블코인이 상용화가 된 사회를 상상해보자. 스타트업 대표 윤하늘 씨의 일상은 이렇게 흘러간다.

| | |
|---|---|
| 오전 9시 | 출근길에 회사 주차권 NFT 중 오후 시간대를 12만 원에 판매한다. |
| 오전 10시 | 판매 대금으로 직원 생일 선물을 산다. |
| 오후 2시 | 다음 달 출시할 제품의 예상 매출 10%를 선판매해 마케팅 자금을 확보한다. |
| 오후 4시 | 회사가 절약한 탄소배출권 2톤을 제조업체에 판다. |
| 오후 6시 | 그 대금으로 직원들과 회식을 한다. |

이 모든 거래는 스마트 컨트랙트로 자동 처리된다. 우리는 지금 모든 것이 자산이 되고 모든 자산이 연결되는 시대의 문턱에 서 있다. 게임 아이템으로 병원비를 내고, 주차권으로 월급을 보충하며, 날씨에 베팅해 전기료를 헤지하는 일들이 더 이상 공상이 아니다.

물론 리스크도 있다. 과도한 금융화는 투기를 부추기고, 복잡성은 새로운 위험을 만든다. 하지만 동시에 평범한 사람도 자신이 가진 것을 활용해 새로운 가치를 만들어낼 수 있는 기회가 생겨날 것이다.

## 23

# 돈이 지능을 가졌을 때 우리는 무엇을 얻는가

 2007년 아이폰이 출시됐을 때, 스티브 잡스는 "전화를 재발명했다"고 선언했다. 하지만 진짜 혁명은 전화가 아니었다. 2008년 앱스토어가 열리면서 시작된 '앱 경제'였다. 애플이 만든 기본 앱은 20개였지만, 2024년 기준 178만 개의 앱이 만들어졌다. 누구나 아이디어만 있으면 앱을 만들 수 있게 되었다.

 스테이블코인이 만드는 변화도 똑같다. 은행이라는 '제조사'가 만든 정기예금, 적금, 대출 상품만 있던 시대에서, 누구나 금융상품을 만들 수 있는 시대로 전환되고 있다.

 2030년, 강원도 감자 농부 100명이 모여 '감자 가격 안정 조합'을 만든다. 수확철에 가격이 폭락하는 문제를 해결하기 위해서다. 각자 수확량의 10%를 공동 펀드에 넣고, 가격이 기준선 이하로 떨어지면 자동으로 보상금을 받는다. 농협이나 정부 지원 없이, 농부들끼리 만든 자체 보험이다.

부산 자갈치시장의 상인 500명은 '생선 신선도 보증 시스템'을 운영한다. IoT 센서가 냉장 온도를 실시간 체크하고, 기준을 벗어나면 자동으로 보상금이 지급된다. 소비자는 안심하고 구매하고, 상인은 신뢰를 얻는다. 보험회사가 만들기엔 시장이 너무 작지만, 스마트 컨트랙트로는 충분히 운영 가능하다.

## 동네 치킨집도 주식회사가 될 수 있다

자영업자에게 투자 받기란 남의 일이다. 동네 치킨집에는 투자하고 싶어도 방법이 없다. 주식회사 설립은 복잡하고, 소액 투자자 관리는 비용이 많이 든다. 하지만 스마트 컨트랙트를 통한 소액 투자는 이를 수월하게 한다. 2028년, 동네에서 30년간 사랑받은 '옛날 통닭'이 확장을 준비한다. 2호점을 내려면 5천만 원이 필요하다. 은행 대출 대신 단골손님 100명에게 투자를 받기로 한다. 투자금 최소 10만 원, 최대 100만 원.

스마트 컨트랙트가 모든 것을 자동화한다. 투자금 모집, 지분 배분, 매출 정산, 배당금 지급까지. POS 시스템과 연동되어 매일 밤 그날 매출의 10%가 투자자들에게 자동 분배된다. 10만 원 투자자는 매일 200~300원씩 받는다. 작은 돈이지만, 동네 가게와 함께 성장하는 기쁨이 있다. 투자자들은 자연스럽게 홍보대사가 된다. SNS에 사진을 올리고, 지인들을 데려온다.

## 날씨도, 축구 경기도 금융상품이 되다

2029년, 제주도 감귤 농가는 더 이상 태풍을 두려워하지 않는다. '태풍 피해 자동 보상 시스템'에 가입했기 때문이다. 기상청 데이터와 연동되어, 풍속이 시속 50km를 넘으면 자동으로 보상금이 지급된다. 보험회사의 현장 조사도, 서류 제출도 필요 없다. 해수욕장 주변 펜션들은 '장마 보상 상품'을 이용한다. 7~8월 중 비오는 날이 20일을 넘으면, 하루당 50만 원씩 보상받는다. 예약 취소로 인한 손실을 만회할 수 있다.

스포츠 팬들도 새로운 방식으로 응원한다. 2030년 월드컵, 한국이 16강에 진출하면 수익을 받는 '응원 토큰'을 산다. 단순한 도박이 아니다. 수익의 일부는 유소년 축구 발전 기금으로 자동 기부된다. 응원하면서 투자하고, 이기면 함께 축하하며, 지더라도 의미 있는 기부가 된다.

## 은행이 아니라 개인도 금융상품을 만드는 세상

전국 단위 금융상품은 평균을 겨냥한다. 하지만 각 지역과 산업은 저마다의 특성이 있다. 스마트 컨트랙트는 이런 차이를 반영해 '롱테일 금융'을 가능하게 한다.

2031년이면 이런 모습들을 상상해볼 수 있다.

전주 한옥마을 상인회: 관광객 수에 연동된 수익 분배 시스템을 운영한다. 입장료 수입을 상인 200명이 매출 비율에 따라 자동 분배받는다.

대구 섬유 협동조합: 원단 가격 변동을 막기 위한 헤지펀드를 만든다. 회원사 50곳이 참여해, 원자재 가격이 급등하면 서로를 보호한다.

강릉 커피 거리: '커피 축제 성공 보상 토큰'을 발행한다. 축제 방문객이 목표를 넘으면 토큰 보유자가 수익을 나눠 가진다. 모두가 축제의 성공을 위해 노력하게 된다.

광주 김치 명인들: '김치 품질 보증 펀드'를 만든다. 명인 인증 김치가 상하거나 맛이 변하면 자동 환불된다. 소비자 신뢰가 높아지고, 프리미엄 가격을 받을 수 있다.

이처럼 스마트 컨트랙트는 중앙집중적이고 획일적인 금융이 아니라, 지역과 산업의 고유한 특성을 살린 맞춤형 금융을 가능하게 한다. 작은 시장이라 기존 금융회사가 외면했던 영역이 새로운 기회로 바뀌는 것이다.

금융상품을 만드는 것은 더 이상 금융 전문가의 영역이 아니다. 초등학교 선생님이 '우리반 저금통'을 만든다. 학생들이 매주 천 원씩 넣고, 학기말 성적 향상률에 따라 보너스를 받는다. 게임처럼 재미있고, 저축 습관도 기른다. 동호회 총무가 '자동 회비 관리 시스템'을 만든다. 회비 납부, 지출 승인, 잔액 분배가 모두 자동으로 이뤄진다. 총무 부담은 줄고 투명성은 높아진다. 아파트 입주민들이 '공동 전기 절약 펀드'를 운영한다. 전년 대비 전기 사용량을 줄인 만큼 인센티브를 받는다.

## 인간의 '신뢰'에서 코드의 '증명'으로

이 모든 변화의 핵심은 신뢰 구조의 전환이다. 전통 금융은 이렇게 작동해왔다.

"은행을 믿으세요."
"정부가 보증합니다."
"법이 보호합니다."

새로운 금융은 다르다.

"코드를 확인하세요."

"알고리즘이 보증합니다."

"실행이 자동으로 보장됩니다."

2033년이면 한국의 금융거래는 스마트 컨트랙트로 처리되는 게 일상이 될 것이다. 특히 소액 결제, 정기 결제, 조건부 결제 같은 영역에서 비중이 크게 늘어난다. 신뢰의 무게중심이 제도에서 코드로 옮겨가는 흐름 속에서, 금융의 일상 풍경 또한 크게 달라질 것이다.

## 2035년, 우리 일상은 어떻게 바뀔까?

돈이 프로그래밍 가능해진다는 것은 무엇을 의미할까?

첫째, 자동화다. 월세, 보험료, 회비가 알아서 나가고, 월급, 배당금, 보상금이 자동으로 들어온다.

둘째, 조건부 실행이다. "만약 ~라면 ~하라"는 명령이 가능하다. 비가 오면 우산 장수에게 보상금을, 해가 나면 아이스크림 가게에 보상금을 지급하는 식이다.

셋째, 투명성이다. 모든 거래가 기록되고 공개된다. 회비가 어디에 쓰였는지, 기부금이 어디로 갔는지 실시간으로 확인할 수 있다.

넷째, 민주화다. 금융상품은 더 이상 은행이나 보험회사의 전유물이 아니다. 동네 빵집도, 아파트 관리사무소도, 학교 동아리도 자신만의 금융 실험을 만들 수 있다.

아침에 눈을 뜨면 밤사이 발생한 이자가 계좌에 표시된다. 출근길에 쓴 교통비는 탄소 절감 포인트로 돌아오고, 점심값을 결제하면 단골 적립금이 실시간으로 쌓인다. 퇴근 후 운동을 하면 건강보험료가 자동으로 할인된다. 얼핏 보면 공상과학 영화 속 장면 같지만, 기술적으로는 이미 모두 가능한 일이다.

## 24

# 왜 지금 금융 앱스토어인가

우리는 금융 앱스토어의 초기 신호를 목격하고 있다. 앞선 장들에서 본 스마트 컨트랙트의 혁신들을 다시 생각해보자. 친구에게 돈을 빌려주는 계약이 자동으로 집행되고, 계모임이 투명하게 운영되며, 동네 빵집에 투자하고, 게임 아이템을 담보로 대출받는다. 이 모든 것이 개별적으로는 작은 혁신처럼 보이지만, 함께 모이면 거대한 변화가 된다.

전통 금융에서 이런 서비스들이 왜 없었을까? 은행이 동네 빵집 투자 상품을 만들기엔 수익성이 너무 낮다. 보험사가 날씨 연동 배달 라이더 보험을 만들기엔 시장이 너무 작다. 증권사가 프리랜서 미래 수익 증권화 상품을 만들기엔 너무 복잡하다. 그래서 이런 '롱테일' 금융 서비스는 존재하지 않았다.

하지만 스테이블코인과 스마트 컨트랙트가 등장하면서 판이 바뀌었다. 이제 누구나 금융 서비스를 만들 수 있다. 22살 대학생이 주말에 코딩해서 월거래액 50억 원짜리 앱을 만든다. 이것이 가능한 이유는 스테이블코인이라는 공통 인프라가 생겼기 때문이다. USDC든 PYUSD든, 프로그래밍 가능한 돈이 있으면 그 위에 무엇이든 만들 수 있다.

2008년 애플이 앱스토어를 열었을 때와 상황이 비슷하다. 스마트폰이라는 하드웨어와 iOS라는 운영체제가 생겨나 누구나 앱을 만들어 배포할 수 있게 되었다. 이제 스테이블코인이라는 인프라와 스마트 컨트랙트라는 도구가 있다.

## 베이스의 전략 : 보이지 않는 웹3, 일상이 된 금융

코인베이스가 만든 베이스는 가장 포괄적인 금융 생태계를 구축하고 있다. 핵심 철학은 '복잡함을 숨기는 것'이다. 사용자는 블록체인, 스테이블코인, NFT 같은 용어를 몰라도 된다. 그저 평소처럼 소셜미디어를 쓰고, 메시지를 보내고, 쇼핑을 하면 된다. 뒤에서 USDC가 작동하는지, 스마트 컨트랙트가 실행되는지 의식할 필요가 없다.

베이스 생태계는 네 개의 핵심 축으로 구성된다. 첫째, 파캐스터Farcaster라는 탈중앙 소셜 네트워크다. 엑스(트위터)와 비슷해 보이지만 근본이 다르다. 사용자가 자신의 계정과 데이터를 직접 소유한다. 플랫폼이 마음대로 계정을 정지시키거나 콘텐츠를 삭제할 수 없다. 수년간 쌓은 팔로워와 게시물이 영원히 내 것으로 남는다.

둘째, 조라Zora를 통한 창작자 경제다. 게시물이 자동으로 NFT가 되어 판매 가능한 자산이 된다. 사진작가가 작품을 올리면 팔로워들이 즉시 구매할 수 있다. 10달러에 300명이 사면 3천 달러 수익이 발생한다. 인스타그램이었다면 좋아요 300개로 끝났을 것이다. 창작자는 팔로워 수와 무관하게 콘텐츠로 직접 수익을 얻는다.

셋째, 베이스챗Base Chat의 혁신적인 메시징이다. XMTP 프로토콜* 기반 종단간 암호화로 완벽한 프라이버시를 보장하면서도, 채팅창 안에서 모든 금융 활동이 가능하다. 카카오페이는 국내 송금만 되지만, 베이스챗은 USDC로 전 세계 누구에게나 즉시 송금한다. 더 놀라운 것은 채팅창 안의 미니앱이다. "콘서트 가자"는 대화 중에 채팅창을 떠나지 않고 바로 티켓을 예매한다. NFT 티켓은 암표 거래를 원천 차단한다.

넷째, 이 모든 것을 연결하는 베이스 계정Base Account이다. 'Sign in with Base' 하나로 모든 서비스에 로그인된다. 겉으로는 구글 계정처럼 보이지만, 실제로는 온체인 정체성이자 스마트 지갑이다. 2025년 6월 코인베이스가 쇼피파이와 협업을 발표하면서, 전 세계

---

\* 블록체인 주소 간 안전하고 개인적인 메시징을 가능하게 하는 개방형 웹3 메시징 프로토콜

수백만 개 쇼피파이 상점이 베이스 네트워크 기반의 USDC 결제를 받을 수 있게 됐다. 뉴욕 소비자가 중국 쇼핑몰에서 결제할 때 거래는 USDC로 즉시 처리되고 판매자는 현지 통화로 정산받는다. 환전 수수료도, 불필요한 대기 시간도 줄어든다.

이어 2025년 7월에는 코인베이스가 자사 앱에 베이스 앱Base App을 공개하며 미니앱과 온체인 기능을 통합했다. 이로써 수많은 사용자들이 별도의 지갑이나 복잡한 과정을 거치지 않고 베이스 생태계에 접근할 수 있게 되었다.

베이스의 또 다른 성과는 미니앱 생태계의 성장이다. 여러 앱이 레고처럼 조합된다. 예를 들어 스플리츠0xSplits는 수익을 자동 분배해 팀 단위의 광고 수익을 정확히 나눈다. 풀투게더는 친구들과 함께 저축할 수 있고, 아볼Arbol은 날씨 연동 보험으로 비 오는 날 배달 라이더에게 보상을 지급한다. 이런 앱들은 전통적인 은행이 만들기에는 너무 작지만, 개인 개발자에게는 충분히 의미 있다. 그리고 시간이 지날수록 다양한 미니앱들이 추가되며 더 많은 사용 사례와 가능성을 보여주고 있다.

## 솔라나의 도전: 하드웨어부터 바꾸는 근본적 혁신

솔라나는 완전히 다른 접근을 택했다. 애플과 구글의 모바일 독점을 문제의 근원으로 봤다. 모든 모바일 앱이 이들의 정책을 따라야 하고, 구매 수수료 30%를 내야 하며, 암호화폐 거래는 제한된다. 웹3 앱에게는 족쇄나 다름없다.

그래서 솔라나는 사가폰Saga Phone이라는 자체 스마트폰을 만들었다. 이것은 단순한 하드웨어가 아니라 '걸어다니는 은행 지점'이다. 핵심은 시드볼트Seed Vault라는 하드웨어 보안 칩이다. 개인키가 물리적으로 격리된 칩에 저장되어, 앱이 해킹당해도 자산은 안전하다. 일반 모바일 지갑은 스크린샷에 노출되거나 악성 앱이 메모리에 접근할 위험이 있지만, 사가폰은 은행 금고 수준의 보안을 제공한다.

솔라나디앱스토어Solana dApp Store는 더 혁신적이다. 구글과 달리 수수료가 0%다. 개발자가 수익을 100% 가져간다. 2024년 10월 기준 450개 앱이 등록되었다. 주피터Jupiter는 월 120억 달러를 처리하는 거래소다. 스테픈Stepn은 걸으면 토큰을 주는 무브투언Move-to-Earn 앱으로 일일 활성 사용자가 30만 명이다. 매직에덴Magic Eden은 NFT 마켓플레이스로 월 거래량 5억 달러를 기록한다. 다이얼렉트Dialect는 암호화 메시징과 송금을 통합했다. 이 모든 앱이 구글 플레이스토어에서는 정책 위반이다.

첫 번째 사가는 실패했다. 2천 달러 가격에 겨우 2만 대만 팔렸다. 솔라나는 첫 사가폰의 실패를 기회로 바꿨다. 가격을 450달러로 낮추고, 구매자에게 밈코인을 에어드랍해 실질 가격을 0달러로 만들었다. 결과는 극적이었다. 15만대가 3일 만에 완판됐다.

2024년 9월 발표된 시커Seeker는 한 단계 더 진화했다. AI 에이전트가 통합되고, 개선된 카메라로 현실 세계를 NFT로 캡처한다. 가격을 더 낮춰 대중화를 노린다. 솔라나의 비전은 명확하다. 모든 스마트폰이 하드웨어 지갑이 되고, 모든 앱이 금융 기능을 갖는 미래를 만드는 것이다.

## AI 에이전트 경제와 기계화폐의 탄생

금융 앱스토어의 등장이 인간의 금융 생활을 바꾸고 있다면, 그다음 혁명은 자율적으로 행동하는 'AI 에이전트'들의 경제에서 시작될 것이다. 미래의 AI는 단순한 도구를 넘어, 스스로 데이터를 수집하고(API 호출료 지불), 클라우드 자원을 할당받으며(컴퓨팅 비용 지불), 다른 AI와 협력하여(서비스 이용료 지불) 복잡한 과업을 수행하는 독립적인 경제 주체가 된다.

이 기계들의 경제는 인간의 금융 시스템으로는 작동할 수 없다. 은행 영업시간이나 신용카드 승인 절차를 기다려줄 수 없기 때문이다. 이들에게 필요한 것은 바로 기계가 이해하고, 코드로 즉시 집행할 수 있는 '기계화폐Machine Money'다. 스테이블코인은 이 역할을 수행할 가장 유력한 후보다. 24시간 365일 국경 없이 작동하며, 1원 이하의 소액결제도 효율적으로 처리하고, 무엇보다 가치가 안정적이기 때문이다.

예를 들어, 여행을 계획하는 AI 에이전트는 전 세계 항공사 API에 수천 번의 요청을 보내 최적의 항공권을 탐색하고, 매 요청마다 0.01원 상당의 USDC를 지불한다. 최종 결정이 내려지면, 사람의 개입 없이 항공권과 호텔을 예약하고 대금을 스테이블코인으로 즉시 결제한다. 이 모든 과정이 몇 초 안에 자동으로 이루어진다. 이는 금융이 인간의 전유물이 아니라, 기계들의 경제 활동을 뒷받침하는 핵심 인프라로 진화하는 미래를 보여준다.

### 2030년: 금융 OS 전쟁의 미래

앞으로 5년 안에 금융 앱스토어 경쟁의 윤곽이 드러날 것이다. 하지만 승자는 단 한 곳이 아닐 가능성이 크다. 인터넷 세계에 윈도우Windows, 맥macOS, 리눅스Linux가 공존하듯, 금융 운영체제 역시 여러 개가 병존하게 될 것이다.

하드웨어를 앞세운 솔라나, 개발자 친화적 소프트웨어 생태계를 지향하는 베이스, 기업용 인프라를 제공하는 서클, 대중 결제 시장을 장악한 페이팔, 글로벌 기업 협업에 강점을 지닌 폴리곤, 탈중앙 금융에 특화된 아비트럼, 메신저 기반 생태계를 구축하는 톤Ton 등이 각자의 강점을 살려 시장을 나눠 가질 것이다.

이제 금융의 창작자가 달라진다. 지금까지 금융은 소수 전문가의 영역이었다. 은행 상품 기획팀, 보험계리사, 펀드매니저가 설계하고, 금융위원회가 승인하며, 일반인은 선택만 하는 구조였다. 앞으로는 다르다. 필요를 느낀 사람이 직접 만든다. 22살 대학생이 학자금 대출 앱을, 30대 프리랜서가 정산 시스템을, 40대 자영업자가 상호부조 펀드를 만드는 식이다.

이것이 스테이블코인이 가져올 진짜 혁명이다. 돈이 프로그래밍 가능해지면 누구나 금융 혁신가가 될 수 있다. 앱스토어가 모바일 혁명을 일으켰듯, '금융 앱스토어'는 금융의 판을 바꾸고 있다.

# 4부

# 스테이블코인, 정말 좋기만 할까?

# 테라-루나가 남긴 교훈

 새벽 2시, 서울 강남의 한 오피스텔에서 김태영 씨는 믿을 수 없다는 표정으로 스마트폰 화면을 바라보고 있었다. UST(테라USD) 가격이 0.99달러, 0.95달러, 0.90달러로 떨어지고 있었다. 1달러를 유지해야 할 스테이블코인이 무너지고 있었다. "설마 테라가 망하겠어? 권도형이 천재라며?"

 3일 후, UST는 0.1달러가 됐다. 루나는 119달러에서 0.0001달러로 떨어졌다. 시가총액 60조 원이 증발했다. 한국인 28만 명이 투자했고, 평균 손실액은 2,100만 원이었다. 김태영 씨는 전세 자금으로 마련한 1억 5천만 원을 모두 잃었다. 테라-루나 사태는 스테이블코인의 본질적 취약점을 드러냈다. '1달러와 같다'는 약속이 얼마나 쉽게 깨질 수 있는지, 그리고 그 약속이 깨졌을 때 얼마나 파괴적인지를 보여

## 스테이블코인이라는 환상

UST는 다른 스테이블코인과 달랐다. USDC나 USDT는 실제 달러나 미국 국채를 담보로 갖고 있다. 하지만 UST는 담보가 없었다. 대신 '알고리즘'으로 가격을 유지한다고 했다. 원리는 이랬다. 1 UST 가격이 1달러보다 오르면, 시스템이 자동으로 UST를 더 발행해 가격을 낮춘다. 반대로 1달러보다 떨어지면, UST를 소각해 가격을 올린다. 이 과정에서 루나 코인을 사용한다. 이론적으로는 완벽해 보였다.

권도형은 이를 '지구와 달의 관계'에 비유했다. UST(지구)와 루나(달)가 서로 균형을 맞춘다는 것이다. 많은 사람들이 이 설명에 매료됐다. 한국인들은 특히 열광했다. 한국인이 만든 세계적 프로젝트라는 자부심도 있었다. 하지만 치명적 오류가 있었다. 담보가 없다는 것이었다.

2022년 5월 7일, 누군가(지금도 정체를 모른다)가 대량의 UST를 팔기 시작했다. 8,400만 달러치를 한꺼번에 매도했다. UST 가격이 0.98달러로 떨어졌다. 평소라면 차익거래자들이 0.98달러에 사서 1달러에 팔아 가격을 회복시켰을 것이다. 하지만 이번엔 달랐다. 공포가 시작됐다. 모두가 동시에 팔기 시작했다. 알고리즘은 UST를 소각하고 루나를 발행했다. 하지만 루나 가격도 폭락하고 있었다. 1달러어치 루나를 주겠다는데, 루나 자체가 가치를 잃어가고 있었다. 악

순환이었다. UST가 떨어지니 루나가 떨어지고, 루나가 떨어지니 UST가 더 떨어졌다. 권도형은 트위터에서 "Stay strong, lunatics*(루나틱스들, 끝까지 버티자)"라고 썼다. 하지만 이미 늦었다. 3일 만에 모든 것이 끝났다.

## 담보가 있어도 안전하지 않다

"테라는 담보가 없어서 망했다. USDC는 100% 담보가 있으니 안전하다." 정말 그럴까?

2023년 3월 10일, SUB가 파산했다. 서클이 USDC 담보 중 33억 달러를 이 은행에 예치하고 있었다. USDC 전체 시가총액 430억 달러의 7.7%였다. 소식이 전해지자 패닉이 시작됐다. USDC가 1달러에서 0.87달러까지 떨어졌다. 100% 담보가 있는데도 13% 폭락한 것이다. 왜? 사람들이 깨달은 것이다. USDC의 안전성은 서클이라는 한 회사에 달려 있다는 것을. 서클이 망하면? 담보를 잘못 관리하면? 해킹당하면?

48시간 후, 미국 정부가 SVB 예금을 전액 보호하겠다고 발표하면서 USDC는 1달러로 회복됐다. 하지만 이 48시간 동안 많은 사람들이 큰 손실을 봤다. 0.87달러에 공포에 질려 판 사람들이다.

---

\* 루나 코인의 투자자들을 일컫는 별칭

## 시한폭탄인가, 금융 혁신인가

USDT는 더 큰 의문부호다. 시가총액 1,200억 달러로 최대 스테이블코인이지만, 가장 불투명하다. 2021년 뉴욕 검찰 조사에서 충격적 사실이 드러났다. 테더가 한때 담보의 13%만 현금으로 보유했던 것이다. 나머지는? 기업어음, 암호화폐, 대출 등 위험 자산이었다. '100% 달러 담보'라는 주장은 거짓이었다.

이후 테더는 개선했다고 주장한다. 2024년 기준 담보의 80%를 미국 국채로, 20%를 현금으로 보유한다고 밝혔다. 분기별로 회계법인 BDO의 감사보고서를 공개한다. 하지만 여전히 의구심이 남는다. BDO 감사는 '특정 시점의 자산'만 확인한다. 테더가 감사 직전에 자산을 빌려와 보여주고, 감사 후 돌려준다면? 실제로 일부 거래소들이 이런 방식으로 감사를 속였다가 적발된 사례가 있다.

문제는 테더가 영국령 버진아일랜드에 등록되어 있어 미국이나 EU의 규제를 받지 않는다는 사실이었다.(테더는 2025년 본사를 엘살바도르로 이전했다.) 문제가 생겨도 투자자 보호 장치가 없다.

## 발행사라는 단일 실패점

스테이블코인의 가장 큰 취약점은 '발행사'라는 단일 실패점 Single Point of Failure이다. 이더리움 네트워크는 탈중앙화되어 있다. 전 세계 수만 개 노드가 동시에 작동한다. 일부가 망가져도 네트워크는 계속 돌아간다. 하지만 스테이블코인은 발행사 하나가 모든 것을 결정한다. 서클이 미국 정부 제재를 받으면? USDC가 동결될 수 있다. 실제로 2022년 8월, 서클은 미국 재무부 요청으로 토네이도캐시(Tornado Cash) 관련 USDC 계좌들을 동결했다. 3,800만 달러가 하루아침에 쓸 수 없게 됐다. 페이팔이 PYUSD 서비스를 중단하면? 사용자들은 환불받기 위해 복잡한 절차를 거쳐야 한다. 페이팔 약관에 따르면 180일까지 자금을 보유할 수 있다. 테더가 해킹당하면? 2016년 비트파이넥스(Bitfinex) 거래소 해킹 때 1억 2천만 달러가 도난당했다. 테더와 비트파이넥스는 같은 경영진이 운영한다. 이해 상충 문제가 있다.

## 정부가 마음을 바꾸면

2024년 미국은 스테이블코인을 환영했다. 하지만 정부는 언제든 마음을 바꿀 수 있다. 2019년 페이스북이 리브라\*를 발표했을 때를 기억하는가? 처음엔 혁신이라고 환영받았다. 하지만 정부가 반대하자 2년 만에 프로젝트가 폐기됐다. 수조 원을 투자했지만 물거품이 됐다. 인도는 더 극단적이었다. 2018년 암호화폐를 전면 금지

---

* 후에 디엠(Diem)으로 변경

했다가, 2020년 해제했다가, 2022년 다시 규제를 강화했다. 정권이 바뀔 때마다 정책이 뒤집혔다. 중국은 아예 모든 암호화폐 거래를 금지했다. 2021년 9월, 하루아침에 불법이 됐다. 그 결과 수백만 중국인들이 손실을 봤다.

한국도 안전하지 않다. 2025년 '디지털자산기본법'이 시행됐지만, 언제든 바뀔 수 있다. 특히 대형 사고가 나면 여론이 돌변한다. 테라-루나 사태 후 한국 정부가 얼마나 강경해졌는지 기억해야 한다.

## 26

# 송금은 빨라졌는데 왜 수수료는 더 비쌀까?

2024년 12월, 서울에서 일러스트레이터로 일하는 김서연 씨는 난생 처음 USDC로 프로젝트 대금을 받았다. 미국 클라이언트가 '은행 송금보다 빠르고 싸다'며 추천했기 때문이다. 5천 달러를 보냈고, 블록체인 상으로는 정말 3초 만에 도착했다. 하지만 실제로 통장에 원화가 들어오기까지 일주일이 걸렸고, 650만 원을 받아야 할 돈이 600만 원이 됐다. 50만 원이 증발한 것이다. 무슨 일이 벌어진 걸까?

### 보이지 않는 이중 수수료

김서연 씨가 모르는 사실이 있었다. 스테이블코인 자체는 수수료가 거의 없지만, 현금으로 바꾸는 과정에서 돈이 새나간다. 미국 클라이언트는 먼저 5천 달러를 USDC로 바꿔야 했다. 코인베이스에서 1% 수수료를 냈다. 50달러가 사라졌다. 그다음 USDC를 김서연 씨에게 보냈다. 여기서 이더리움 네트워크 수수료 30달러가 또 나갔다.

김서연 씨도 마찬가지였다. USDC를 받은 건 좋은데, 이걸 원화로 바꿔야 월세를 낼 수 있다. 업비트에서 USDC를 팔았더니 시세보다 2% 낮은 가격에 팔렸다. 100달러가 또 사라졌다.

정리하면 이렇다. '달러 → USDC → 원화.' 두 번의 환전 과정에서 각각 수수료가 발생한다. 은행 송금은 '달러 → 원화'로 한 번에 끝나는데, 스테이블코인은 중간 단계가 하나 더 있는 것이다.

## 시간에 따라 100배 차이나는 가스비

더 황당한 것은 언제 보내느냐에 따라 수수료가 천차만별이라는 점이다. 김서연 씨의 친구는 한 달 전 똑같이 USDC로 5천 달러를 받았는데, 가스비로 200달러를 냈다. 왜? 그날따라 이더리움 네트워크가 엄청나게 막혔기 때문이다. 새로운 밈코인이 출시되면서 수백만 명이 동시에 거래를 하려 했고, 가스비가 폭등했다.

이더리움은 고속도로 같다. 차가 많으면 통행료가 오른다. 새벽에는 5달러면 되는 가스비가, 러시아워에는 50달러, 극단적인 경우 200달러까지 오른다. 은행 송금은? 언제 보내든 수수료가 똑같다. 주말이든 새벽이든 50달러다. 오히려 더 예측 가능하고 안정적이다.

한국은 더 복잡하다. '김치 프리미엄'이라는 특이한 현상 때문이다. 국제 시장에서 1 USDC는 정확히 1달러다. 하지만 한국 거래소에서는? 1 USDC가 1,360원이다. 환율(1,320원)로 계산하면 1,320원이어야 하는데, 40원이 더 비싸다. 3% 프리미엄이다. 왜 이런 일이 생길까? 한국은 해외 송금이 까다롭다. 연간 10만 달러 제한이 있고, 증빙 서류도 복잡하다. 그래서 USDC를 구하기가 어렵다. 수요는 많은데 공급이 적으니 가격이 오른다.

### 왜 한국 내 송금보다 비싼가

아이러니한 점이 여기 있다.

토스로 친구에게 10만 원 보내기: 수수료 0원, 1초 만에 도착
카카오페이 송금: 수수료 0원, 즉시 도착
은행 앱 송금: 수수료 500원, 3초 내 도착

왜 이렇게 쌀까? 한국 금융 시스템은 이미 완벽하게 연결되어 있기 때문이다. 금융결제원에서 모든 은행을 연결한다. 마치 국내 전용 고속도로가 있는 것이다. 반면 이더리움은? 전 세계가 함께 쓰는 도로다. 한국 사람이 송금하든, 브라질 사람이 NFT를 사든, 모두 같은 도로를 쓴다. 당연히 막히고, 비싸진다. 김서연 씨는 깨달았다.

"국내에서는 그냥 토스 쓰는 게 100배 싸고 빠르다."

## 거래소라는 관문

현재 스테이블코인의 가장 큰 난관은 거래소를 거쳐야 한다는 점이다. 일반인은 USDC를 직접 만들 수 없다. 서클 홈페이지에서 기관 인증을 받아야 하는데, 개인은 어렵다. 결국 코인베이스, 업비트 같은 거래소를 통해야 한다. 거래소는 당연히 수수료를 받는다. 마치 인천공항을 통해서만 해외여행을 갈 수 있는 것과 같다. 공항 이용료, 출국세, 환전 수수료 등 각종 비용이 발생한다. 스테이블코인도 거래소라는 '공항'을 통과하며 비용이 발생한다.

## 그래도 희망은 있다

변화의 조짐은 이미 보이고 있다. 2025년, 한국의 주요 은행들이 스테이블코인 발행사인 서클의 경영진과 만났다. 단순한 호기심 차원이 아니라, 스테이블코인을 어떻게 금융 서비스에 접목할 수 있을지 논의했다는 점에서 의미가 크다. 전통 은행들도 이제 새로운 질서에 눈길을 돌리고 있는 것이다.

아직 구체적인 서비스로 이어진 것은 없다. 그러나 상상해볼 수는 있다. 이를테면 신한은행이 직접 USDC 계좌를 개설해주고, 환전 기능까지 제공한다고 가정해보자. 지금처럼 거래소를 거치지 않고 은행 창구에서 곧바로 환전이 가능하다면 어떨까? 수수료도 기존 3%에서 1%로 줄어든다고 하면, 해외 송금의 판도가 크게 달라질 것이다.

실제 기술적 여건은 이미 갖춰져 있다. 이더리움 네트워크의 평균 수수료가 몇 달러씩 나오는 데 비해, 솔라나는 0.001달러, 폴리곤은 0.01달러 수준에 불과하다. 100~1,000배 저렴한 비용으로도 송금이 가능하다는 뜻이다. 점점 더 많은 거래소와 서비스들이 이런 저렴한 네트워크를 지원하기 시작했다.

그렇다면 언제 스테이블코인이 유리하고, 언제 은행이 더 나을까? 간단하다. 금액이 클 때, 주말이나 공휴일 같은 긴급 상황일 때, 은행 계좌가 없는 사람에게 보낼 때, 여러 나라를 거쳐야 할 때는 스테이블코인이 유리하다. 반대로 소액 송금, 국내 송금, 정기적인 송금, 법적 보호가 꼭 필요한 경우에는 은행이 낫다.

김서연 씨는 이제 클라이언트와 송금 조건을 이렇게 정한다. "1만 달러 이상일 때는 USDC로 주세요. 그 이하면 그냥 은행 송금으로 부탁드립니다."

## 미래는 밝아질까

스테이블코인 수수료가 비싼 이유는 아직 초기 단계이기 때문이다. 인터넷 초창기를 기억하는가? PC통신 때는 분당 요금을 냈다. 1시간 채팅하면 수천 원이 나왔다. 지금은 어떤가? 무제한 요금제다. 스테이블코인도 비슷한 길을 갈 것이다. 더 많은 사람이 쓰고, 기술이 발전하고, 경쟁이 치열해지면 수수료는 내려간다.

하지만 지금은? 솔직히 비싸다. '수수료 거의 없다'는 마케팅에 속으면 안 된다. 실제로 계산해보면 은행보다 비싼 경우가 많다. 그래도 사람들이 쓰는 이유가 있다. 자유롭고, 빠르고, 미래 지향적이기 때문이다. 이 가치가 추가 비용을 정당화하는지는 각자 판단할 일이다. 김서연 씨의 결론은 이렇다. "기술은 멋지다. 하지만 아직은 비싸다. 큰돈이 아니면 그냥 은행 쓰자."

# 모든 거래가 영원히 기록된다는 공포

대기업 과장 이준호 씨는 동료들과 점심을 먹다가 흥미로운 대화를 나눴다. "블록체인은 모든 거래가 투명하게 공개된다면서, 왜 범죄자들이 비트코인을 쓴다는 거야? 다 보이는데?"

좋은 질문이다. 블록체인은 '투명'하면서 동시에 '익명'이다. 어떻게 이런 모순이 가능할까? 답은 간단하다. 거래는 보이지만, 누구인지는 모른다는 것이다. 예를 들어보자. 이준호 씨가 USDC를 보내면 이렇게 기록된다.

0x742d35Cc6634C5328625BbD2Bc9135141400F에서
0x8743F9D5ea8956FA1B43218FC213F로 1,000 USDC 전송

모든 사람이 이 거래를 볼 수 있다. 언제, 얼마를, 어느 주소에서 어느 주소로 보냈는지 다 보인다. 하지만 '0x742d35…'가 이준호라는 것은 아무도 모른다. 이것이 '투명한 익명성'이다. 은행 거래와 비교해보자. 은행은 이준호 씨가 누구에게 얼마를 보냈는지 다 안다. 하지만 다른 사람은 모른다. 비공개다. 블록체인은 정반대다. 거래 내역은 모두에게 공개되지만, 거래자의 신원은 숨겨진다.

하지만 이 익명성은 생각보다 약하다. 이준호 씨가 업비트에서 USDC를 샀다. 업비트는 이준호의 신원을 안다. 실명 인증을 했기 때문이다. 이준호 씨가 USDC를 자신의 지갑 '0x742d35…'로 보냈다. 이제 업비트는 '0x742d35…'가 이준호라는 것을 안다. 더 무서운 것은 이제부터다. '0x742d35…' 주소의 모든 거래가 이준호의 거래가 된다. 과거 거래도, 미래 거래도 모두 추적 가능하다. 5년 전에 뭘 샀는지, 누구에게 돈을 보냈는지, 얼마나 갖고 있는지 다 드러난다.

한 유명인이 NFT를 구매했다. 익명으로 샀다고 생각했지만, 거래소 출금 기록에서 지갑 주소가 노출됐다. 네티즌들이 그 주소의 모든 거래를 추적했다. 300만 원짜리 도박 사이트 토큰을 샀다는 것, 성인 콘텐츠 NFT를 구매했다는 것이 모두 드러났다. 스캔들이 됐다.

## 회사동료가 당신의 월급을 다 안다면

해외에서는 이미 일부 기업이 직원 급여를 암호화폐로 지급해왔다. 일본의 GMO 인터넷은 2017년부터 직원들에게 비트코인으로 급여 일부를 선택 지급할 수 있게 했고, 미국의 코인베이스 역시 직원들이 암호화폐로 보수를 받을 수 있는 옵션을 제공한 바 있다. "디지털 자산으로도 급여를 받을 수 있다"는 상징적 의미가 컸다. 그렇다면 한국에서 같은 일이 벌어진다면 어떨까?

스타트업이 직원들에게 월급의 일부를 스테이블코인 USDC로 지급하기 시작했다. 회사는 "미래 지향적인 실험"이라며 자랑했지만, 불과 한 달 만에 예상치 못한 문제가 터졌다. 회사 지갑에서 직원 지갑으로 흘러가는 모든 USDC 지급 내역이 블록체인에 투명하게 기록되었기 때문이다. 호기심 많은 인턴이 블록체인 탐색기인 이더스캔Etherscan에서 회사 지갑 주소를 검색하자, 직원별 급여 액수가 고스란히 드러났다. 영업팀 김 대리가 회계팀 박 과장보다 월급이 많다는 사실도, 누가 성과급을 받았는지도 한눈에 보였다.

김 대리가 급여를 받은 직후 도박 사이트로 500만 원을 송금한 흔적, 박 과장이 매달 적금 대신 고위험 디파이 프로토콜에 투자하는 내역까지 모두 노출됐다. 개인의 금융 활동이 그대로 회사 동료들에게 공개되어버린 것이다. 결국 회사는 서둘러 USDC 급여 지급을 중단했지만, 이미 기록된 트랜잭션은 영원히 지울 수 없었다.

## 이혼 소송에서 가장 무서운 증거

블록체인 기록이 법정에서 증거로 쓰이는 일은 이미 현실이다. 해외에서는 투자 사기나 자금 세탁 사건에서 블록체인 지갑 추적 내역이 재판 증거로 채택된 사례가 여럿 있다. 한국 법원 역시 디지털 자산 거래 기록을 증거로 인정한 판례가 있다. 이제 블록체인은 단순한 기술을 넘어, 법적 효력을 갖는 자료가 되고 있다.

가정법원에서는 어떤 일이 벌어질 수 있을까? 서울가정법원에서 한 부부가 이혼 소송을 진행한다. 남편은 "재산이 없다"고 주장했지만, 아내 측 변호사가 제출한 블록체인 거래 내역이 상황을 뒤집는다. 남편이 약 40억 원치의 비트코인을 USDT로 바꿔 해외 거래소로 송금한 기록이 고스란히 블록체인에 남아 있었던 것이다.

남편은 "내 지갑이 아니다"라고 부인했지만, 거래소의 KYC(본인인증) 자료와 대조하자 소유주가 본인임이 드러났다. 더 치명적인 것은 송금받은 주소였다. 조사 결과, 그 지갑의 소유자는 남편의 내연녀였다. 2년에 걸친 불륜 자금 흐름이 블록체인 위에 선명하게 기록돼 있었다. 이런 상황이라면 재판부가 해당 자료를 증거로 채택하는 것은 충분히 가능한 일이다. 은닉 재산은 물론 위자료 산정에도 영향을 미치게 된다.

## 국가가 당신을 감시한다

더 무서운 것은 국가의 감시다. 미국 국세청은 2021년부터 '히든 트레저 작전Operation Hidden Treasure'이라는 이름의 프로그램을 가동해왔다. 암호화폐 탈세를 적발하기 위해 범죄수사부서와 사기단속부서가 힘을 합친 것이다. 이들은 체이널리시스Chainalysis 같은 블록체인 분석 도구를 도입하고, 직원들에게 거래 추적 훈련을 시켰다. 2025년부터는 거래소와 중개업자들이 신고하는 새로운 보고 체계 '폼Form 1099-DA'를 통해 훨씬 더 정밀한 감시가 가능해진다.

한국도 비슷하다. 2025년부터 국세청은 거래소에서 연간 5천만 원을 넘는 거래 내역을 받게 된다. 당국은 이 데이터를 바탕으로 소득을 누락했는지, 증여세를 회피했는지, 자금 세탁 흔적이 있는지를 하나하나 들여다본다. 블록체인이 투명하다는 특성이 이제는 개인에게 불리한 방향으로 작동하기 시작하는 것이다.

북한은 다른 방식으로 이 기술을 이용한다. 유엔에 따르면 북한은 2017년 이후 암호화폐 해킹으로 약 30억 달러를 빼돌렸다. 2023년 한 해만 7억 5천만 달러, 2024년에는 13억 달러가 탈취되었다. 이 돈은 무기 개발과 외화 확보에 쓰인다. 그들은 개인을 겨냥하기보다는 거래소와 암호화폐 지갑을 대상으로 광범위하게 침투한다. 라자루스 그룹Lazarus Group 같은 북한의 해킹 조직이 스피어피싱spear-phishing과 악성코드 배포를 반복하며 기회를 엿보고 있다.

## 한 번의 실수가 평생 따라다닌다

블록체인은 한 번의 선택을 영원으로 만든다. 예컨대, 대학생 김민지는 호기심에 성인 콘텐츠 NFT를 구경하다가, 단 1달러짜리 하나를 구매한 것뿐이었다. 단순한 호기심이었지만 그 작은 행동이 평생의 낙인이 될 수도 있다.

2년 후의 일이다. 김민지는 대기업의 입사 면접을 보게 된다. 면접관이 "SNS나 온라인 활동 중 회사 이미지에 해가 될 만한 것이 있습니까?"라고 질문한다. 그녀는 아무 의심 없이 "없다"고 답했다. 하지만 회사는 이미 알고 있을지도 모른다.

공개된 바에 따르면, 구체적으로 지갑 주소를 추적하고 NFT 거래 내역을 분석해 채용 여부를 결정한 사례는 알려져 있지 않다. 다만 블록체인 기술이 학력이나 자격증 검증, 혹은 고용 기록 확인을 보다 신뢰성 있게 처리할 수 있는 수단으로 논의되는 것만으로도, 기록의 불변성은 무시할 수 없는 현실이다.

김민지는 면접 결과가 통보되지 않았지만, 탈락 통보가 아닌 '미묘한 불합격'을 경험한다. 이유를 명시하지는 않았지만, 스스로는 충분히 짐작할 수 있었다. 블록체인은 한 번 기록된 것을 잊지 않으며, 그로 인한 '흔적'은 시간의 흐름에 상관없이 꺼내올 수 있다는 가능성은 실로 무섭다. 실수든 호기심이든 그 순간 찍힌 흔적이 영원히 사라지지 않는다.

## 국제 범죄와 자금세탁의 온상

"올해 보이스피싱 피해액은 8천억 원에 달했습니다."

서울지방경찰청 사이버수사대의 발표는 충격적이었다. 특히 일부 피해금은 USDT 같은 스테이블코인으로 전환돼 추적이 어려워졌다는 것이다. 불과 몇 년 전만 해도 암호화폐의 비중은 미미했지만, 이제는 범죄 수법의 주요 수단으로 자리잡았다.

더 암담한 것은 검거율이었다. 현금으로 빠져나간 사건은 비교적 추적이 가능해 40% 안팎의 검거율을 보였고, 계좌이체를 통한 범죄도 절반 이상은 검거가 가능했다. 그러나 스테이블코인으로 옮겨간 피해는 상황이 달랐다. 실제 수사관들은 "추적이 훨씬 오래 걸리고, 해외 거래소까지 이어지면 사실상 회수가 불가능하다"는 현실을 토로한다. 범죄자들이 왜 스테이블코인을 선호하는지는 분명했다.

## 왜 범죄자들은 스테이블코인을 사랑하는가

앞선 장에서 우리는 스테이블코인의 장점을 살펴봤다. 24시간 송금, 국경 없는 이동, 즉각적인 전송. 하지만 이 모든 장점은 범죄자들에게는 완벽한 도구다.

첫째, 국경이 없다는 것은 곧 관할권을 벗어난다는 뜻이다. 캄보디아에 기반을 둔 한 보이스피싱 조직은 피해금 일부를 USDT 같은 스테이블코인으로 바꿔 해외로 옮겼다. 중국 거래소를 거쳐 러시아, 다시 북한 관련 지갑으로 이어지는 흐름이 포착되기도 했다. 한국 경찰이 캄보디아에 협조를 요청하고, 캄보디아가 다시 중국에 요청하는 식으로 절차를 밟는 사이, 돈은 이미 여러 나라를 거쳐 자취를 감춘다.

둘째, 즉시 전송은 곧 되돌릴 수 없다는 뜻이다. 은행 송금은 24~48시간 안에 취소가 가능하다. 사기를 당했다면 은행에 신고해 동결시킬 수 있다. 하지만 USDT는 다르다. 전송은 몇 초 만에 끝나고, 일단 이체가 완료되면 돌려받을 방법이 없다. 실제로 투자 사기를 당한 피해자들이 불과 몇 분 만에 수억 원을 잃는 경우도 있다. 돈은 여러 지갑을 거쳐 빠르게 흩어지며 사실상 회수 불가능해진다.

셋째, 익명성이다. '블록체인은 투명하다'는 말은 거래가 모두 공개된다는 의미일 뿐이다. 지갑 주소가 '0x742d35Cc…'처럼 보인다고 해도, 그 주인이 누구인지 알 수 없다. 해외 거래소나 탈중앙화 거래소를 이용하면 신원 확인이 거의 불가능하다. 거래 기록은 남지만, 범인은 그림자처럼 숨어버린다.

## 마약 거래의 새로운 고속도로

2024년 유엔마약범죄사무소United Nations Offices on Drugs and Crime, UNODC의 보고서는 흥미로운 사실을 지적한다. 국제 마약 거래 자금의 흐름에서 암호화폐, 특히 스테이블코인의 사용이 빠르게 늘어나고 있다는 것이다. 왜 스테이블코인일까? 비트코인은 가격 변동이 심하다. 오늘 받은 돈이 내일은 20% 줄어 있을 수 있다. 범죄자라 해도 안정적인 가치를 원한다. 그래서 달러에 연동된 USDT가 선택된다. 1달러는 언제나 1달러이기 때문이다.

중남미 카르텔의 일부 회계 장부에서 디지털 지갑 주소가 발견되었다는 보고도 있다. 마약 거래 대금이 이제 더 이상 달러 지폐 다발이 아니라 스프레드시트 속 숫자와 지갑 주소로 기록된다. 콜롬비아에서 코카인을 사고, 아시아에서 펜타닐 원료를 구입하는 데 스테이블코인이 사용된 정황이 여러 수사 기록을 통해 포착되고 있다.

소매 거래에서도 스테이블코인의 사용이 늘어나고 있다. 텔레그램이나 시그널 같은 메신저에서 마약을 주문하고, USDT로 결제하는 방식이 이미 정착되었다. 한국에서도 최근 몇 년 사이 이런 사건이 꾸준히 늘고 있다. 수사기관은 밝혀진 사건보다 훨씬 많은 거래가 암암리에 이루어지고 있을 것으로 본다.

**북한: 국가가 운영하는 암호화폐 범죄**

북한의 암호화폐 범죄는 단순한 해킹 사건을 넘어 국가가 운영하는 사업처럼 보인다. 2024년 유엔 안보리 보고서는, 북한이 최근 몇 년 사이 수십억 달러 규모의 디지털 자산을 빼돌렸다고 밝혔다. 2017년 이후 추정치만 해도 30억 달러에 달한다. 핵무기 개발과 정권 유지 자금을 외부에서 조달해야 하는 북한에게 사이버 공간은 가장 값싼 전쟁터가 되었다. 수법은 정교하다. 라자루스 그룹 같은 해커 조직이 거래소를 해킹하거나, 디파이 프로토콜의 취약점을 공격한다. 훔친 암호화폐는 즉시 USDT로 바꾼다. 추적을 어렵게 하고 가치를 안정적으로 유지하기 위해서다.

2024년 봄, 일본의 대형 거래소 DMM 비트코인에서는 약 3억 달러 규모의 자산이 사라졌다. FBI와 일본 경찰은 배후에 북한 해커가 있다고 지목했다. 도난당한 비트코인은 불과 하루 만에 USDT로 바뀌어 수많은 지갑에 퍼졌다. 경찰이 자금을 추적할 때쯤, 흔적은 이미 미로처럼 흩어져 있었다. 더 교묘한 기술도 있다. 믹서Mixer라 불리는 서비스다. 대표적으로 토네이도캐시는 깨끗한 돈과 검은 돈을 섞어, 누가 무엇을 어디서 보냈는지 알 수 없게 만든다. 범죄 조직은 이 과정을 통해 '검은 돈'을 '깨끗한 돈'으로 바꾼다. 결과적으로 남는 것은 USDT라는 동일한 숫자일 뿐, 그 출처를 가려낼 방법은 없다.

**랜섬웨어: 디지털 인질극**

한 대형 병원이 랜섬웨어 공격을 받았다. 전자의무기록 시스템이 마비되면서 수술과 외래 진료까지 차질을 빚었다. 데이터가 인질로 잡히자, 해커들은 대가를 요구했다. 돈을 내면 복구해주겠다는 조건이었다. 문제는 이 요구가 보장되지 않는다는 점이다. FBI와 국제 수사기관은 반복해서 경고한다. "몸값을 내더라도 데이터를 돌려받는다는 보장은 없다."

랜섬웨어 조직이 왜 암호화폐를 요구하는지는 명확하다. 은행 계좌로 돈을 받는 순간 신원이 드러나지만, 암호화폐는 그렇지 않다. 처음에는 비트코인이 주요 수단이었지만, 최근에는 추적이 어려운 모네로나 스테이블코인이 몸값 요구에 등장하기 시작했다. 수수료가 낮고 전송이 빠른 트론 기반 스테이블코인에 대한 수요가 늘고 있다.

통계 역시 이 현상을 뒷받침한다. 체이널리시스에 따르면, 2023년 랜섬웨어 범죄 수익은 10억 달러 이상으로 사상 최대치를 기록했다. 대부분의 지불은 암호화폐로 이뤄졌다. 환자의 생명을 담보로 한 병원 공격이든 기업의 서버를 멈춰 세운 사건이든 결말은 비슷하다. 데이터는 인질이 되고, 돈은 암호화폐로 흘러간다.

### 자금세탁의 완벽한 도구

자금세탁은 너무 복잡하고 날로 발전하고 있다. 현금을 작은 단위로 쪼개어 여러 계좌로 흘려보내고, 합법적 사업과 얽히게 만든 뒤, 시간이 지나 깨끗한 돈처럼 둔갑시킨다. 이 과정은 몇 달에서 몇 년이 걸리기도 한다.

그러나 스테이블코인은 이 절차를 단숨에 바꿔놓았다. 2024년 8월 중국 공안이 적발한 도박 자금 세탁 조직은 불법 도박으로 번 수익을 USDT로 바꾼 뒤, 탈중앙화 거래소에서 다른 코인으로 교환하고, 여러 지갑으로 흩뿌렸다. 마지막으로 해외 거래소에서 현지 화폐로 전환해 부동산을 매입한다. 예전에는 몇 달이 걸리던 과정이 며칠 만에 끝났다.

이 편리함은 단지 도박 자금에만 쓰이지 않는다. 무기 거래와 테러 자금 조달에도 스테이블코인이 스며들고 있다. 러우 전쟁이 한창이던 2024년, 일부 국제 보고서는 제재 회피와 암시장 무기 거래에 USDT가 사용되고 있다는 점을 지적했다. 다크웹 시장에서 총기와 폭약이 디지털 달러로 거래된다는 사실은 더 이상 과장이 아니다.

테러 조직 역시 같은 방식을 택한다. 2023년 이스라엘 당국은 하마스가 비트코인과 USDT를 포함한 암호화폐 지갑 주소를 공개하며 모금을 요청한 사실을 발표했다. 텔레그램 채널에 지갑 주소를 올리고 "팔레스타인을 도와 달라"고 외치면, 전 세계 어디에서든 돈이 흘러들어온다.

## 어떻게 막을 것인가

각국 정부도 이 문제를 잘 알고 있다. 그러나 막는 일은 생각보다 훨씬 어렵다. 이유는 네 가지다.

첫째, 기술적 한계다. 블록체인은 멈출 수 없다. 인터넷이 존재하는 한, USDT 전송은 계속된다. 중국은 암호화폐 거래를 전면 금지했지만, VPN을 쓰는 순간 국경은 무의미해진다.

둘째, 관할권 문제다. 테더의 법인은 엘살바도르에 등록되어 있다. 미국도, 한국도 직접 규제할 수 없다. 국제 공조가 필요하지만, 각국의 이해관계가 달라 합의는 요원하다.

셋째, 합법과 불법을 가를 수 없다. 체이널리시스에 따르면 암호화폐 거래 중 불법 활동은 전체의 1%도 되지 않는다. 나머지 대부분은 정상적인 결제·투자·송금이다. 소수의 범죄를 막겠다고 다수를 금지하는 것은, 칼이 살인에 쓰인다고 해서 칼 자체를 금지하는 것과 다르지 않다.

넷째, 혁신과 규제 사이의 딜레마다. 규제를 너무 강하게 하면 핀테크 혁신이 위축된다. 미국은 중국에 뒤처질까 망설이고, 한국은 싱가포르를 의식한다. 금융 규제는 단순히 범죄를 막는 문제가 아니라, 국가 경쟁력과도 연결되어 있다.

## 그래도 추적은 가능하다

희망이 없는 것은 아니다. 기술도 진화하고 있다. 블록체인 분석 기업들은 AI를 이용해 수십억 건의 거래를 샅샅이 뒤진다. 무작위로 흩어진 것처럼 보이는 숫자 속에서 패턴을 찾아내고, 범죄자들이 쓰는 지갑을 식별한다. 실제로 체이널리시스는 수천 개에 달하는 북한 연계 지갑을 추적해냈다.

거래소들도 가만히 있지 않았다. 과거에는 '거래만 중개한다'며 한 발 물러섰지만, 이제는 법과 제도의 요구에 따라 분석 기업과 협력한다. 불법 자금이 흘러들면 차단하고, 의심 거래는 보고하는 체계를 갖춰가고 있다. 제도적 장치도 더해졌다. 국제자금세탁방지기구Financial Action Task Force, FATF가 권고한 '트래블 룰Travel Rule'은 천 달러 이상의 송금에는 송·수신인의 신원 정보를 함께 기록하도록 의무화했다. 한국은 이미 2022년부터 도입했고, 2024년부터 여러 나라들이 본격적으로 시행하기 시작했다.

여전히 구멍이 많다. 그러나 기술과 제도, 그리고 국제 공조가 맞물리며 범죄의 공간을 서서히 좁혀가고 있다. 하나둘씩 틈새가 막히고 있다는 점만은 분명하다.

### 양날의 검

스테이블코인은 양날의 검이다. 금융 포용, 즉시 송금, 낮은 수수료 등의 장점은 누구에게나 공평하다. 합법적 사용자뿐 아니라 범죄자에게도 똑같이 주어진다. 현금 역시 그랬다. 한때 미국에서 유통되는 100달러 지폐 대부분에서 마약 성분 흔적이 검출된 바 있다. 그렇다고 현금을 사용하지 않을 수는 없는 법이다.

스테이블코인도 같은 길을 걸을 것이다. 범죄에도 쓰이겠지만, 그보다 더 큰 가치를 지니고 있기에 살아남을 수밖에 없다. 남은 과제는 기술과 규제를 통해 범죄적 사용을 최소화하는 것이다.

## 29

# 코드 한 줄의 실수로 전 재산을 날린다

부동산 중개업을 하는 최영희 씨는 5억 원 상당의 아파트 매매 대금을 USDC로 받기로 한다. 세금 문제와 빠른 결제를 원하는 매수인의 요청 때문이다. 송금은 순조로워 보였다. 이더스캔 화면에 정확히 5억 원 상당의 USDC가 찍혔다. 안심한 그는 서류를 넘긴다. 하지만 몇 초 뒤 화면은 달라져 있었다.

잔액: 0 USDC

분명 자산이 들어왔는데, 몇 초 만에 다른 주소로 사라진 것이다. 알고 보니 최 씨가 설치한 지갑이 문제였다. 구글에서 '메타마스크'를 검색해 첫 번째 나온 광고를 클릭했는데, 그것이 해커가 만든 가짜 사이트였다. 지갑을 설치하는 순간 비밀 키가 탈취되었고, 송금이 들어오자마자 해커가 즉시 빼돌린 것이다.

은행 계좌였다면 어땠을까? "계좌가 해킹당한 것 같다"는 말 한마디로 동결, 추적, 보상 절차가 시작됐을 것이다. 하지만 블록체인에는 그런 창구가 없다. 메타마스크는 "우리는 단순한 소프트웨어일 뿐"이라고 말한다. 발행사인 서클 역시 "블록체인 거래는 되돌릴 수 없다"고 한다. 경찰도 "자금이 이미 해외로 빠져나갔다면 추적이 쉽지 않다"고 답한다. 5억 원이 순식간에 사라졌다.

## 스마트 컨트랙트, 완벽해 보이는 구멍투성이

한국의 디파이 프로토콜 '김치스왑'이 해킹당했다. 피해액 300억 원. 어떻게 해킹당했을까? 김치스왑의 스마트 컨트랙트 코드에 실수가 있었다. 개발자가 쓴 코드를 이해 쉽게 단순화하면 다음과 같이 표현할 수 있다.

만약 사용자가 돈을 넣으면 → 이자를 계산한다 → 이자를 지급한다

문제는 '이자를 계산한다' 부분이었다. 해커가 0.0000001 USDC를 100만 번 넣었다 뺐다를 반복했다. 그때마다 이자가 계산됐고, 반올림 오류로 실제보다 많은 이자를 받았다. 이 방법으로 하루 만

에 300억 원을 빼갔다.

은행 시스템이었다면 어땠을까? 이상 거래를 감지하고 중단시켰을 것이다. 실수를 발견하면 업데이트하면 된다. 하지만 스마트 컨트랙트는 한 번 배포하면 수정할 수 없다. 버그가 있어도 그대로다. 김치스왑 팀은 "새로운 컨트랙트로 이동하세요"라고 공지했지만, 이미 늦었다.

## 실수 한 번이면 끝

대학생 이동현씨는 친구에게 100 USDC를 보내려 했다. 친구가 카톡으로 지갑 주소를 보냈다.

0x742d35Cc6634C0532624a3584BfDB1Cb0017F04F

이동현은 복사해서 붙여넣었다. 그런데 실수로 마지막 한 글자를 빠뜨렸다.

0x742d35Cc6634C0532624a3584BfDB1Cb0017F04

'F'가 하나 빠진 것이다. 하지만 앱에서는 아무 경고도 하지 않았다. 거래가 성공했다고 떴다. 100 USDC는 어디로 갔을까? 아무도 모른다. 존재하지 않는 주소로 갔을 수도, 다른 사람 지갑으로 갔을 수도 있다. 어느 쪽이든 돌려받을 수 없다. 은행 송금이었다면 계좌번호가 틀렸을 경우 '존재하지 않는 계좌'라고 뜬다. 실수로 다른 사람에게 보냈어도 은행에 신고하면 돌려받을 수 있다.

### 지갑 관리, 일반인에게는 너무 어려운 미션

2024년, 암호화폐 사용자 중 상당수가 지갑 관련 사고를 경험했다고 말한다. 한국소비자원 조사에 따르면, 성인의 약 20%가 가상자산과 관련된 피해를 겪었다는 응답을 내놓았다.

가장 흔한 사고는 비밀 키 분실이다. 어느 직장인은 2021년 1만 달러치 USDC를 개인 지갑에 넣어두고, 비밀 키를 종이에 적어 서랍 속에 보관했다. 그런데 그만 몇 년 뒤 이사를 하면서 그 종이를 버리고 말았다. 블록체인 화면에는 여전히 1만 달러가 찍혀 있지만, 이제 누구도 꺼낼 수 없다.

두 번째는 피싱 사이트다. "에어드롭 이벤트"라는 메시지에 속아 지갑을 연결한 어느 주부는 다음 날 자산이 사라진 것을 확인했다. 그 사이트는 해커가 만든 가짜였다.

세 번째는 시드 문구 노출이다. 한 대학생이 메타마스크의 12개 단어를 구글 드라이브에 저장했다. 편리했지만, 구글 계정이 해킹되면서 지갑도 함께 털렸다.

네 번째는 악성 스마트 컨트랙트다. 어느 프리랜서는 새로운 디파이를 체험하다가 '승인' 버튼을 눌렀다. 그 버튼은 곧 지갑의 모든 USDC를 해커에게 내어주는 권한이 되었다.

다섯 번째는 가짜 지갑 앱이다. 자영업자는 앱스토어에서 'Trust Wallet'을 검색하다가 유사한 이름의 앱을 설치했다. 그 순간 비밀 키가 해커에게 넘어갔다.

이런 사고에서 은행과 블록체인의 차이가 극명하게 드러난다. 은행 앱에서 문제가 생기면 고객센터로 전화하고 신분 확인을 거쳐 계좌를 동결할 수 있다. 며칠 내에 복구나 보상 절차가 진행된다. 하지만 블록체인에서는 전화할 곳도, 책임져줄 곳도 없다. 커뮤니티 포럼에 글을 남기면 돌아오는 답은 한결같다. "안타깝지만 방법이 없다."

게다가 스테이블코인을 안전하게 쓰려면 알아야 할 것이 너무 많다. 퍼블릭 키와 프라이빗 키의 차이, 시드 문구 관리법, 가스비 설정, 스마트 컨트랙트 읽는 법, 피싱 사이트 구별법, 하드웨어 지갑 사용법, 멀티시그 설정, 컨트랙트 승인 취소법까지. 아이디와 비밀번호, 때로는 OTP나 간단한 인증만 알면 되는 은행 앱과 대조적이다.

개인이 막을 수 없는 해킹도 있다. 최근 몇 년간 발생한 사건들을 보자.

2024년 오르빗브릿지(Orbit Bridge): 약 8,180만 달러

2023년 믹신네트워크(Mixin Network): 2억 달러

2023년 폴로닉스(Poloniex): 1억 달러

2023년 HTX(구 후오비, Huobi): 약 3천만 달러

피해자들은 대부분 자산을 돌려받지 못했다. 반대로 은행이 해킹 당한다면 예금자보호법으로 1억 원까지는 보장되고, 그 이상의 금액도 은행이 책임지는 경우가 많다. 스테이블코인은 편리하지만 그 편리함 뒤에는 개인이 감당해야 하는 무거운 책임이 자리잡고 있다.

## 소비자 보호 장치가 없다

2021년, 전 세계 투자자들을 홀린 토큰이 있었다. 이름은 '오징어 게임 코인Squid Game Coin'. 넷플릭스 드라마 인기에 편승해 등장한 이 코인은 "게임에 참여하려면 'SQUID'가 필요하다"는 식의 광고로 빠르게 퍼졌다. 가격은 순식간에 치솟았다. 1코인이 0.01달러에서 시작해 단 며칠 만에 2,800달러까지 폭등했다. 하지만 정점에 이르렀을 때, 개발팀은 흔적도 없이 사라졌다. 홈페이지는 닫혔고, 트위터 계정도 삭제됐다. 수천만 달러가 순식간에 증발했다. 전형적인

러그풀Rug Pull*이었다. 피해자들은 당국에 신고했지만, 돌아온 답은 "관할 불명확"이었다. 규제 당국은 "인가받지 않은 사업자"라며 책임을 회피했다. 누구도 투자금을 되돌려줄 수 없었다. 만약 은행에서 이런 일이 벌어졌다면 금융당국은 즉시 영업을 중단시키고, 경영진은 처벌을 받았을 것이다. 예금자들은 예금자보호법에 따라 최소한의 보상을 받았을 것이다. 하지만 암호화폐 세계에서는 모든 것이 사라지고, 남은 것은 피해자의 절망뿐이었다.

---

* 암호화폐 세계에서 자주 등장하는 사기 수법으로 "러그를 잡아당겨 투자자를 넘어뜨린다"는 뜻이다. 개발팀이 새로운 코인이나 프로젝트를 내세워 투자자를 끌어모은 뒤, 자금이 일정 규모 이상 모이면 곧바로 모든 돈을 빼돌리고 사라지는 방식이다.

# 보이지 않는 중앙은행, 국가 경제를 뒤흔든다

스테이블코인은 금융의 미래처럼 보이지만, 그 물밑에서는 한 국가의 경제가 작동하는 방식을 근본부터 바꾸는 거대한 실험이 진행되고 있다. 이 변화는 새로운 결제 수단이 생기는 것을 넘어, 우리 사회의 돈이 흐르는 경로를 바꾸고, 경제를 관리하는 국가의 힘을 약화시키며, 궁극적으로는 금융 시스템 전체를 위협하는 수준에까지 이른다.

### 돈의 물길을 바꾸는 조용한 댐

경제는 원활한 혈액순환, 즉 자금의 순환에 의존한다. 그 중심에는 은행이 있다. 우리가 월급을 예금하면, 돈은 금고 속에 잠들지 않는다. 은행은 그 예금을 바탕으로 동네 식당 사장에게 가게 확장 자금을, 신혼부부에게는 내 집 마련의 꿈을 이룰 대출을, 스타트업에게는 초기 운영 자금을 빌려준다. 이렇게 민간 부문으로 흘러 들어간 돈은 새로운 일자리와 부를 만들며 경제 전체에 활력을 불어넣는다.

하지만 스테이블코인은 이 흐름 앞에 거대한 댐을 세운다. 예를 들어, 연 1% 남짓한 은행 이자에 만족하지 못한 한 젊은 투자자가 예금 천만 원을 스테이블코인으로 바꾸어 연 5% 이자를 주는 디파이에 예치했다고 해보자. 개인의 입장에서는 합리적인 선택이다. 그러나 이런 선택이 수백만 명에게 확산된다면, 거시경제는 전혀 다른 국면에 들어간다.

그 돈은 더 이상 동네 식당이나 스타트업으로 가지 않는다. 대신 스테이블코인 발행사의 준비금 계좌로 들어가고, 발행사는 이를 미국 국채에 투자한다. 테더와 서클 같은 발행사는 준비금의 대부분을 미국 단기 국채로 운용하고 있다. 그 결과, 민간 경제의 성장을 위한 자본이 줄어드는 대신, 미국 정부의 부채를 떠받치는 수요로 전환되는 것이다.

국제기구들은 이런 현상이 누적될 경우 '자본 가뭄 capital drought'을 야기할 수 있다고 경고한다. 혁신과 고용을 책임지는 민간 부문은 점점 자금 조달이 어려워지고, 반대로 정부는 규제받지 않는 새로운 자금줄 덕분에 더 쉽게 빚을 낼 수 있다.

### 주조차익은 어디로 가는가?

역사적으로 화폐 발행은 국가의 가장 신성한 권한 중 하나였다. 그 속에는 주조차익Seigniorage이라는 재정 자원이 포함된다. 중앙은행은 화폐를 발행하면서 생긴 이익을 국고에 귀속시키고, 이를 국민 전체를 위한 공공재로 사용해왔다.

그런데 스테이블코인 발행사들은 이 화폐 발행 권력을 영리하게 민간화하고 있다. 표면적으로는 고객의 돈을 받아 보관하고 결제 시스템을 운영하는 것처럼 보이지만, 실질적 수익의 원천은 따로 있다. 발행사는 고객들로부터 사실상 무이자로 거대한 자금을 조달하고, 이를 미국 국채와 같은 안전자산에 투자해 막대한 이자를 챙긴다.

현대판 주조차익이라 할 만하다. 원래는 중앙은행을 통해 국민에게 돌아갔을 이익이, 이제는 소수 민간 기업의 수익으로 귀속되는 것이다. 테더가 공개한 최신 증명 보고서에 따르면 2025년 2분기 순이익은 약 28억 달러(약 3조 8천억 원)에 달한다. 이는 미국 국채 금리 상승에 따른 이자 수익 증가가 주요 원인이다.

2025년, JP모건의 발표에 따르면 JPM코인은 기관 고객을 대상으로 일일 약 20억~30억 달러의 거래를 처리하며 빠르게 성장하고 있다.

## 중앙은행의 통제권을 벗어난 유령선

국가 경제라는 배를 이끄는 선장은 중앙은행이다. 중앙은행은 금리라는 키를 돌려 배의 속도와 방향을 조절한다. 경제가 과열되어 인플레이션이라는 암초가 눈앞에 다가오면 금리를 인상해 속도를 늦춘다. 반대로 경기 침체라는 무풍지대에 갇히면 금리를 인하해 순풍을 불어넣는다.

하지만 스테이블코인과 디파이 생태계는 이 선장의 통제권을 벗어난 유령선과 같다. 중앙은행이 인플레이션을 잡기 위해 기준금리를 5%까지 올렸다고 해보자. 전통 금융권에서는 대출 금리가 7~8%까지 뛰어 기업과 가계가 허리띠를 졸라매게 된다. 중앙은행이 의도한 대로 경제의 열기가 식는 것이다.

그러나 같은 시각, 디파이 시장에서는 다른 이야기가 펼쳐진다. 스테이블코인을 담보로 여전히 낮은 금리로 자금을 빌리거나, 전통 금융보다 훨씬 높은 예치 이자를 제공하는 서비스들이 활발히 운영된다. 어떤 곳은 10%에 가까운 수익률을 내세우기도 한다. 중앙은행이 경제의 수도꼭지를 잠그려 해도, 다른 한쪽에서는 아무에게도 통제받지 않는 지하수관이 터져 나온다.

이 유령선의 규모가 커질수록 중앙은행의 키는 말을 듣지 않게 되고, 국가 경제는 예측 불가능한 위험에 더 자주 노출된다.

## 뱅크런이 국채 시장의 붕괴를 부를 때

이 모든 위험이 한곳에 응축되어 폭발하는 최악의 시나리오는 스테이블코인에 대한 신뢰가 무너지는 순간이다. 발행사의 회계 부정 의혹, 대규모 해킹, 혹은 예상치 못한 규제 발표. 어떤 사건이든 방아쇠가 될 수 있다. 사람들이 공포에 휩싸여 디지털 달러를 실제 달러로 바꾸려 달려드는 '코인런'이 시작되면, 그 충격은 암호화폐 시장을 넘어 세계 금융의 심장부를 직접 겨누게 된다.

수십억, 수백억 달러의 환매 요구를 감당하기 위해 발행사는 준비금으로 보유한 미국 국채를 대거 매도할 것이다. 단순한 매물 출회가 아니다. 전 세계에서 가장 안전하고 유동성이 풍부해야 할 국채 시장이, 단 하나의 민간 기업 때문에 흔들릴 수 있다는 공포가 금융 시장 전체를 지배하게 된다. 국채 가격이 급락하면 금리는 치솟는다.

그 여파는 세계로 확산된다. 미국 국채는 모든 금융상품의 기준점이다. 그 기준점이 흔들리면 다른 모든 자산의 가치도 연쇄적으로 무너진다. 국채를 담보로 운용하던 연기금, 보험사, 은행은 손실을 입고, 이를 메우기 위해 보유 주식과 회사채까지 내다 팔기 시작한다. 신용시장은 급속히 경색되고, 돈의 흐름은 멈춰선다. 2008년 리먼 브라더스 사태가 보여주었듯, 금융 시스템은 예상보다 훨씬 쉽게 경직될 수 있다. 스테이블코인의 작은 균열이 세계 경제라는 거대한 댐을 무너뜨리는 시발점이 될 수도 있는 것이다.

## 칼을 칼집에 넣으려는 움직임

지금까지 살펴본 것처럼, 스테이블코인이 던지는 위험은 더 이상 가상의 시나리오가 아니다. 이에 각국 정부와 정치권도 움직이기 시작했다. 무법지대와 같았던 스테이블코인의 시대가 서서히 저물고, 이 강력한 칼을 규제라는 칼집에 넣으려는 시도가 본격화되고 있다.

특히 달러를 기반으로 한 스테이블코인이 대부분인 만큼, 미국의 행보가 그 중심에 서 있다. 미국 재무부와 연방준비제도, 의회는 발행사에 대한 자본 규제, 준비금의 회계 감사 의무화, 그리고 소비자 보호 장치 마련을 위한 법안을 두고 치열한 논의를 이어가고 있다. '보이지 않는 은행'을 드디어 빛 속으로 끌어내리려는 싸움이 시작된 셈이다.

과연 규제는 이 새로운 금융의 괴물을 길들일 수 있을까. 아니면 오히려 혁신의 싹을 잘라내는 결과를 낳게 될까. 다음 장에서는 돈의 미래를 둘러싼 이 거대한 규제의 전쟁을 살펴보려 한다.

**5부**

# 우리는 무엇을
# 준비해야 하는가

# 트럼프의 귀환과 스테이블코인의 시대

## 왜 갑자기 모든 나라가 스테이블코인에 목을 매는 걸까?

2024년에서 2025년에 이르는 동안, 전 세계 뉴스에서 스테이블코인은 단골손님처럼 등장했다. 트럼프 대통령은 "미국을 암호화폐의 수도로 만들겠다"는 취지의 발언을 내놓았고, 유럽연합European Union, EU은 드디어 'MiCAMarkets in Crypto-Assets Regulation법'을 시행했다. 싱가포르는 한발 앞서 스테이블코인 규제 체계를 마련하며 스스로를 '글로벌 스테이블코인 허브'로 선언했다. 한국 국회에서도 원화 스테이블코인 발행 논의가 오르내렸다. 짧은 기간 안에 왜 이토록 많은 나라들이 스테이블코인에 매달리게 된 것일까?

## 미국은 왜 찬성으로 돌아섰을까?

"비트코인과 다른 암호화폐들은 돈이 아니다. 가치는 변동적이고 허공에 기반한다. 미국에는 오직 하나의 진짜 통화만 있다. 미국 달러다. 은행이 되고 싶다면 은행 규제를 받아야 한다."

2019년 여름, 트럼프 대통령은 트위터에 이렇게 썼다. 페이스북이 리브라를 발표했을 때는 더욱 강한 반응을 보였다. 당시 워싱턴의 기류는 한결같이 회의적이었다. 2021년 재무장관 재닛 옐런Janet Yellen도 "스테이블코인은 금융 안정성을 위협한다. 투명성이 부족하고 규제 사각지대에 있다"고 비판했다. 이 경고는 2022년 5월 현실이 되었다. 한국 기업 테라폼랩스가 발행한 테라USD(UST)가 불과 사흘 만에 90% 폭락하며 600억 달러 규모의 가치가 증발한 것이다.

하지만 아이러니하게도, 이 사건은 미국의 인식을 바꿔놓았다. 문제는 스테이블코인 자체가 아니라 규제받지 않는 스테이블코인이라는 점이 드러난 것이다. 테라는 담보가 없었지만, USDC는 달러와 미국 국채로 100% 담보를 갖고 있었고, 테더 역시 논란이 있었으나 준비금은 존재했다. SVB 파산은 또 다른 전환점이었다. USDC 발행사인 서클이 이 은행에 33억 달러를 예치하고 있었는데, 그 영향으로 USDC 가격이 0.87달러까지 추락했다. 다행히 정부 개입으로 페그는 회복되었지만, 이 사건은 미국 정부에 분명한 메시지를 남겼다. 스테이블코인은 이미 금융 시스템의 일부가 되었고, 막을 수 없다면 통제해야 한다는 것.

더 중요한 깨달음은 달러 패권과 관련이 있었다. 2024년 테더의 준비금 보고서가 공개됐다. 시가총액 천억 달러 중 720억 달러가 미국 국채였다. 이는 독일(700억 달러)보다 많은 규모였다. USDC의 340억 달러를 합치면 천억 달러가 넘었다. 스테이블코인이 커질수록 미국 국채 수요가 늘어나는 구조였다. 게다가 전 세계에서 달러 스테이블코인 사용이 폭증하고 있었다.

미국 정치권은 통제되지 않는 테더와 같은 스테이블코인을 그대로 두기에는 금융안정 리스크가 크다고 판단했다. 그러나 무작정 금지할 경우, 달러 사용의 세계적 확산이라는 기회를 놓칠 수 있다. 정치권은 선택한 길은 제도화였다.

그 첫 단계가 2024년 하원에 상정된 '클래리티법Clarity for Payment Stablecoins Act'이다. 이 법안은 지급 결제용 스테이블코인 발행자에게 철저한 담보 의무를 부과했다. 현금, 연준 예치금, 단기 미국 국채, 초단기 T-빌 담보 레포, 보험된 예금 등 안전자산으로 100%를 충당해야 하며, 매월 준비자산 현황을 공시하고 외부 검증을 받아야 한다. 고객이 상환을 요구할 경우에는 1대 1로 적시에 환매할 수 있는 체계를 갖추도록 했다. 테라와 같은 내재 담보형, 이른바 알고리즘 스테이블코인의 신규 발행은 일정 기간 금지되었다.

이어 2025년 7월에는 한층 포괄적이고 적극적인 '지니어스법Genius Act'이 제정되었다. 이 법은 지급용 스테이블코인을 독립된 법적 자산

범주로 명확히 규정하고, 발행자가 반드시 연방 또는 주 규제 당국의 허가와 감독을 받도록 했다. 준비자산은 현금과 단기 미 국채 등으로 1대 1로 유지되어야 하며, 월별 공시와 외부 검증, 그리고 자금세탁 방지와 제재 준수 의무도 포함되었다.

지니어스 법은 스테이블코인을 미국 금융규율 속에 편입시키면서, 사실상 달러 기반 스테이블코인이 제도권 금융의 일부로 자리잡을 수 있는 토내를 마련했다. 이는 금지와 방치 사이에서 절충한 선택이자, 달러 패권을 새로운 형태로 확장하기 위한 전략적 수순이었다.

과거에는 테더가 준비금을 제대로 갖췄는지 알 수 없었다. 2021년 뉴욕 검찰 조사에서 테더가 한때 담보의 13%만 현금으로 보유했다는 사실이 드러났다. 이제는 다르다. 인증받으려면 매월 BDO, EY 같은 대형 회계법인의 감사를 받아야 하고, 실시간으로 담보 상태를 공개해야 한다. 미국은 이렇게 스테이블코인을 '길들이기' 시작했다. 야생마를 길들여 경주마로 만드는 것처럼, 통제되지 않던 스테이블코인을 제도권으로 끌어들여 달러 패권의 도구로 만들고 있다.

## 왜 다른 나라들도 서둘러 정책을 만들까?

스테이블코인의 성장 속도는 각국 정책 담당자들을 놀라게 했다. 2020년 초에는 전체 시가총액이 약 40~100억 달러 수준이었지만,

2024년 중반에는 수백억 달러, 약 1,500~2,500억 달러 수준으로 증가했다. 몇 년 사이 수십 배 규모의 성장이었다. 그중 90% 이상이 달러 스테이블코인이었다.

가장 먼저 위기감을 느낀 곳은 EU였다. 유럽 기업들이 국제 결제에서 점점 달러 스테이블코인을 활용하기 시작했다. 유로화가 밀려나는 조짐이었다. 이에 EU는 2024년 6월, 2년간의 논의 끝에 세계 최초의 포괄적 암호자산 규제법인 MiCA를 시행했다. 스테이블코인 발행자는 유럽중앙은행의 승인과 엄격한 담보 요건을 충족해야 하고, 거래 규모가 일정 수준을 넘으면 추가 규제를 받는다. 그러나 지나치게 엄격하다는 비판도 있었다. 서클이 유로 스테이블코인(EURC) 라이선스를 취득했지만, 2024년 말 시가총액은 5천만 유로로 전체 스테이블코인의 0.01%도 안 되는 규모였다.

유럽 각국 은행들은 자구책을 찾기 시작했다. 프랑스 소시에테제네랄Société Générale은 'EUR CoinVertible'을 발행했고, 독일과 네덜란드, 스페인 은행들도 자체 유로 스테이블코인 프로젝트를 모색했다. "EU의 통합 대응은 실패했다. 각자 살 길을 찾아야 한다"는 현장의 목소리가 터져 나왔다.

일본은 더 실용적으로 대응했다. 다수의 수출기업이 이미 달러 스테이블코인을 활용하고 있다는 조사 결과가 나오자, 주요 은행들이 앞다투어 엔화 스테이블코인을 내놓았다. 미쓰비시UFJ, 미즈호, 스미토모 등 대형 은행들이 'MUFG Coin', 'J-Coin', 'S-Coin'을 발표했고, 금융청은 별도 라이선스 없이 은행 발행을 허용하는 가이드라인을 마련했다.

싱가포르는 다른 길을 택했다. 자체 스테이블코인을 만들기보다 글로벌 허브가 되겠다는 전략이었다. 2024년 발표된 프로젝트 오키드Project Orchid는 규제 샌드박스와 세제 혜택을 제공하는 대신, 담보 자산을 싱가포르 은행에 보관하도록 요구했다. 이 전략은 국제 자본을 빠르게 끌어들였고, 싱가포르는 단숨에 아시아의 스테이블코인 중심지로 부상했다.

홍콩도 가만히 있지 않았다. 홍콩 금융관리국은 발행자 라이선스 제도를 도입하며 '그레이터 베이 지역Greater Bay Area'의 디지털 금융 허브를 표방했다. 중동에서는 두바이가 독특한 전략을 내세웠다. 두바이 바라VARA는 '스테이블코인 특별 구역'을 발표하며, 이슬람 금융 원칙을 적용한 금 담보형 '할랄 스테이블코인' 구상을 내놓았다.

이처럼 각국이 서둘러 정책을 만드는 이유는 단순하다. 달러 스테이블코인이 자국 통화를 대체하도록 방치할 수는 없지만, 이미 시민과 기업이 자발적으로 사용하고 있기에 막을 수도 없기 때문이다. 각국은 저마다의 방식으로 대응하며 새로운 금융 질서의 전환기에 뛰어들고 있다.

## 한국 정치인들은 왜 갑자기 스테이블코인을 언급하기 시작했나?

한국 정치권이 스테이블코인을 진지하게 논의하기 시작한 것은 2024년 무렵이었다. 계기는 여러 갈래에서 동시에 터져 나왔다.

첫째는 사용자 증가였다. 젊은 세대 사이에서 해외 쇼핑이나 구독 서비스 결제, 프리랜서 수입 정산에 스테이블코인을 활용하는 사례가 빠르게 늘고 있었다. "이제 원화를 거치지 않고 바로 달러 스테이블코인으로 결제하고 싶다"는 수요가 현실로 다가온 것이다.

둘째는 환율 불안이었다. 원·달러 환율이 1,400원을 넘나들고, 한국과 미국의 기준금리 역전 상태가 지속되면서 원화 약세가 고착화되었다. 일부 수출입 기업들은 달러 스테이블코인 결제를 검토하기 시작했다.

셋째는 대기업과 핀테크의 잠재적 움직임이었다. 실제로 공식 발표는 없었지만, 시장에서는 삼성전자, 현대자동차 같은 대기업이 공급망 결제에 스테이블코인을 활용할 수 있다는 이야기가 흘러나왔다. 토스·카카오페이·네이버페이 같은 핀테크 기업도 관련 사업을 준비한다는 전망이 쏟아졌다.

정치권도 민감하게 반응했다. "싱가포르는 스테이블코인 허브로 수만 개의 일자리를 만들고 있다," "일본과 중국은 이미 움직이고 있다. 한국만 손 놓고 있을 수 없다." 국회 안팎에서는 이런 목소리가 커졌다. 특히 판교와 강남 등 IT 종사자가 많은 지역의 의원들은 젊은 유권자들로부터 압박을 받았다.

2025년 판도가 바뀌기 시작했다. 금융위원회는 원화 스테이블코인 규제법안을 국회에 제출하기로 했다. 이 법안에는 발행 기준, 담보 관리, 내부 위험통제 체계 등이 담길 예정이다. 이 과정에서 은행 중심의 단계적 도입이 강조됐다. 한국은행은 "처음에는 규제감독이 강한 상업은행부터 시작하고, 이후 비은행도 범위를 확대해야 한다"며 신중한 접근을 주문했다.

정치권의 온도도 뜨거워졌다. 집권 여당은 "달러 기반 스테이블코인에 잠식당하고 있는 자금을 원화로 되돌려야 한다"는 논리를 중심으로 법안을 추진하고 있다. 민주당 민병덕 의원이 발의한 '디지털자산기본법' 외에, 안정성과 혁신성을 두고 다양한 관점의 법안이 국회에 올라와 있다. 외환 환경도 변하고 있다. 스테이블코인 수요로 인해 외환 유출이 늘어나자, 14년 만에 김치본드 발행 제한을 완화한 것은 주목할 만한 변화였다. 핀테크 업계도 움직이고 있다. 정확한 발표는 아직 없지만, 토스, 카카오페이, 네이버페이, 다날 등이 스테이블코인 관련 기술과 비즈니스 모델을 준비 중이라는 이야기가 퍼지고 있다.

## 스테이블코인이 정책화되면 무엇이 달라질까?

스테이블코인의 제도화는 발행과 관리 체계를 완전히 바꾸고 있다. 미국의 사례를 중심으로 살펴보자.

### 발행 주체의 변화

과거에는 누구나 스테이블코인을 만들 수 있었다. UST나 USDT처럼, 사전 허가 없이 시작할 수 있었다. 하지만 이제는 전혀 다르다. 2025년 7월, 미국 의회는 '지니어스법'을 제정하며 스테이블코인 시장을 제도권 안으로 편입시켰다. 이 법은 연방 또는 주 정부의 감독을 받는 '허가된 발행자'만 스테이블코인을 발행할 수 있도록 규정한다. 허가 대상에는 은행과 신용조합의 자회사뿐 아니라 일정 요건을 충족한 비은행 금융기관도 포함된다.

스테이블코인은 현금이나 단기 국채 등 고유동성 자산으로 1대 1 비율로 담보되어야 하며, 발행사는 매월 준비금과 발행 잔액을 공시한다. 이 과정에서 경영진의 인증과 공인 회계법인의 검토가 요구되며, 발행 잔액이 500억 달러를 초과할 경우 연 1회 외부감사를 받아야 한다. 또한 모든 발행자는 '자금세탁방지AML'와 '금융-거래보고법BSA'에 따른 규제를 준수해야 한다.

엄격한 규제의 결과다. 이제는 금융 스타트업이 중심이었던 스테이블코인 시장은 거대 기관의 영역으로 이행 중이다. JPM코인과 같은 사례가 이미 현실이 되었고, 다른 메이저 은행들 또한 시장 진입을 검토하는 단계다.

### 담보 관리의 표준화

테더를 둘러싼 가장 큰 비판은 언제나 불투명성이었다. 2021년 뉴욕 검찰 조사에서 드러난 바에 따르면, 당시 담보의 상당 부분은 기업어음이었나. 위험도기 높은 자산에 투자하면서도 "100% 담보"라고 주장했던 것이다.

그러나 이제 이런 방식은 불가능하다. '지니어스법'은 발행사가 보유할 수 있는 담보 자산을 엄격하게 제한했다. 만기가 짧은 미국 국채, 연준 예치금, FDIC 보험이 적용되는 은행 예금, 오직 이 세 가지 안전자산만 허용된다. 기업어음이나 기타 위험 자산은 원천적으로 금지되었다. 투명성 요건도 대폭 강화되었다. 발행사는 정기적으로 담보 현황을 공개하고, 회계 감사와 감독기관의 점검을 거쳐야 한다. 만약 보고서에서 전날보다 수십억 달러의 국채가 줄었다면, 시장은 즉시 반응할 것이다. 예전처럼 '알 수 없는 준비금' 뒤에 숨어 있을 공간은 더 이상 없다.

### 일원화

과거 미국의 스테이블코인 감독은 중구난방이었다. 뉴욕은 비트라이선스BitLicense, 와이오밍은 특수목적예금기관SPDI 라이선스, 주마다 제각각 규제를 두었다. 이런 틈새 속에서 테더는 해외에 본사를 두고 사실상 미국의 직접 규제를 피할 수 있었다.

그러나 지니어스법이 발효되면서 상황이 달라졌다. 이제 스테이블코인은 연방 차원의 체계적 감독을 받게 되었다. 발행사는 은행에 준하는 규제를 따르며, 담보 상태를 주기적으로 보고하고 독립 회계 감사를 거쳐야 한다. 감독의 성격도 바뀌었다. 담보를 보유하고 있는지 확인하는 수준을 넘어, 은행처럼 극단적 상황을 가정한 건전성 점검이 도입되었다. "하루 만에 전체 발행량의 30% 상환 요구가 들어온다면?," "담보 자산 가치가 10% 하락한다면?" 같은 시나리오를 시험하는 것이다.

이는 실제로 제도화된 '스트레스 테스트'라기보다는, 제도권 편입 이후 스테이블코인이 어떤 검증을 받아야 하는지를 보여주는 상징적 사례다. 앞으로는 발행사가 이런 시험을 통과하지 못하면 새로운 발행이 제한되거나, 시장에서 퇴출될 가능성이 커진다.

### 국제 거래의 표준화

스테이블코인이 국제 원조의 판도를 바꿀 수 있다는 가능성은 이미 현실로 나타나고 있다. 대표적인 주자는 유엔난민기구United Nations High Commissioner for Refugees, UNHCR다. 2022년 말, 유엔난민기구는 스텔라Stellar 네트워크를 통해 USDC를 실향민의 스마트폰 지갑으로 직접 전송하는 파일럿을 진행했다. 수혜자는 스마트폰 앱 바이브런트Vibrant 지갑으로 USDC를 빌려 머니그램MoneyGram 지점에서 현금으로 교환하거나 은행 계좌로 입금할 수 있었다.

무엇보다도 눈에 띄는 것은 투명성과 효율성의 개선이다. 서클의 임팩트 보고서에 따르면, USDC는 185개국 이상에서 인도적 지원 루트로 사용되었으며, 이 덕분에 기부자와 구호 기관 모두 자금의 흐름을 실시간으로 추적할 수 있었다. 또한 국제구조위원회International Rescue Committee, IRC 등과의 협업을 통해 USDC 기반 긴급 지원 프로그램이 확장되고 있다. 수수료는 기존 평균 3%에서 0.3~1.1%로 줄었고, 송금 소요 시간도 며칠에서 24시간 이내로 단축되었다.

이들 사례는 스테이블코인이 단순히 디지털 달러가 아니라, 정부와 NGO 같은 공공 영역에서도 투명하고 즉각 결제가 가능한 글로벌 인프라로 기능할 수 있다는 점을 보여준다. 국제 원조의 집행 방식은 점차 USDC와 블록체인 기술을 기반으로 재편되고 있으며, 이는 국경 없는 금융 혁신의 시작에 다름 아니다.

### 프로그래밍 가능성의 활용

스테이블코인 제도화가 열어준 가장 혁신적인 가능성은 바로 '프로그래밍 가능한 돈'이다. 가령 2025년 미국 농무부United States Department of Agriculture, USDA가 운영하는 식품 지원 프로그램Supplemental Nutrition Assistance Program, SNAP을 예로 들어보자. 만약 정부가 저소득층 1만 명에게 매달 USDC를 지급하면서 다음과 같은 조건을 코드로 심어둔다면 어떨까?

> 주류와 담배 구매 불가
> 패스트푸드 구매는 월 100달러 한도
> 신선식품 구매 시 10% 추가 지원

이 조건은 단순한 행정 지침이 아니라, 스마트 컨트랙트에 의해 자동으로 집행된다. 지원금은 반드시 정책의 목적에 맞는 곳에서만 사용되고, 남용의 여지는 최소화된다. 과거 푸드스탬프는 현금화하거나 다른 용도로 쓰는 등 남용 논란이 끊이지 않았다. 그러나 프로그래밍 가능한 돈이 도입된다면, 돈은 더 이상 단순한 교환 수단이 아니라 정책을 담는 그릇이 된다. 이는 복지, 보조금, 세제 혜택 등 다양한 영역에서 새로운 가능성을 열어줄 것이다.

### 은행과 스테이블코인의 융합

전통 은행과 스테이블코인의 경계가 점점 흐려지고 있다. 만약 어느 날 한 대형 은행이 모든 기업 고객에게 USDC 계좌를 제공한다고 해보자. 겉으로는 일반 달러 계좌와 다를 바 없지만, 실제로는 USDC가 뒷단에서 작동한다. 송금은 24시간 내내 가능하고, 정산은 실시간으로 이뤄진다. 게다가 스마트 컨트랙트를 통해 조건부 결제나 자동 정산 같은 프로그래밍 가능한 금융 서비스까지 가능하다.

수수료는 기존의 10분의 1 수준에 불과하다면, 기업들이 이를 외면하기 어려울 것이다.

혹은 개인 고객에게도 선택지를 준다면 어떨까. 전통 계좌와 디지털 달러 계좌를 나란히 제시하고, 후자를 고르면 USDC 기반으로 운영되는 것이다. 심지어 예금자보호 제도가 동일하게 적용된다면, 이는 사실상 '스테이블코인 은행 계좌'의 탄생을 의미한다. 여러 글로벌 은행들은 현재 이러한 '토큰화된 예금'을 연구 중이다. 이런 흐름을 고려하면, 가까운 미래에 은행 계좌와 스테이블코인 계좌의 경계가 사라질 것으로 예상된다.

스테이블코인 제도화는 여러 가지 변화를 가져온다. 비유적으로 말하면, 과거의 시장은 서부 개척시대와 다를 바 없는 무법지대였다. 누구나 토큰을 발행할 수 있었고 규제는 파편적이었으며 투자자 보호는 사실상 존재하지 않았다. 그러나 이제 상황이 달라졌다. 새로운 제도들이 도입되면서, 스테이블코인은 점차 정돈된 금융 시스템 속으로 편입되고 있다.

## 32

## 모든 기업이 은행이 된다

    2024년 2분기, 테더는 순이익 1억 3천만 달러를 기록했다. 상반기 누적 수익만 52억 달러에 달했다. 직원 수가 불과 100명 남짓이라는 점을 감안하면, 직원 한 명당 수익은 적어도 수백만 달러에 달할 것이다. 같은 기간, 골드만삭스는 약 4만 5천 명으로 30억 달러를 벌었다. 숫자만 보면 테더는 전통 은행보다 200배 더 효율적이라는 표현이 과장이 아니다.

    이익의 원천은 무엇일까? 테더는 USDT 발행으로 확보한 현금 상당액을 미국 국채에 투자한다. 2024년 평균 금리가 약 5%였으니, 수십억 달러의 이자 수익이 발생한다. 그리고 그 수익은 USDT 보유자에게 돌아가지 않고 테더의 몫이다. 서클도 비슷한 구조다. 2025년 2분기 기준, USDC 준비금 운용으로 6억 5,800만 달러의 수익을 기록했으며, 이 수익 구조가 서클의 비즈니스 모델 핵심으로 자리잡고 있다.

전통 은행 쪽의 반응도 주목할 만하다. 제이미 다이먼 JP모건 최고경영자는 스테이블코인의 무이자 구조가 "불공정 경쟁"이라고 지적해 언론의 단골 화제가 되었다. 하지만 그의 불평은 오래가지 않았다. JP모건은 이미 2019년부터 JPM코인을 운영해왔으며, 해당 토큰으로 연간 수억 달러의 추가 수익을 냈다.

## 아이폰이 한 일을 스테이블코인으로

스테이블코인의 진짜 게임은 단순한 이자 수익이 아니다. 그것은 21세기 금융 생태계의 운영체제를 만드는 일과 같다. 애플을 보자. 아이폰 판매로도 막대한 돈을 벌지만, 진짜 돈은 앱스토어에서 나온다. 2023년 앱스토어 매출은 약 850억 달러에 달했다. 앱 내 결제에서 최대 30%까지 수수료를 뗀다. 앱은 개발자가 만들지만, 수익은 애플의 몫이다.

스테이블코인도 이와 같다. 한 번 생태계에 들어오면 빠져나가기 어렵다. 2023년 8월, 페이팔이 자체 스테이블코인 PYUSD를 출시했을 때는 회의적인 반응이 많았다. 그러나 수년 만에 시가총액이 13억 달러에 이르렀다. 그 비결은 4억 3천만 개에 달하는 페이팔 생태계 사용자 계정이다. 페이팔은 PYUSD 결제에 캐시백을 제공하고, 벤모를 통한 송금에는 수수료를 면제하는 등 다양한 인센티브를 통해 사용자를 끌어들였다.

전자상거래에서도 변화를 감지할 수 있다. 2025년부터 쇼피파이가 USDC 결제를 지원하기 시작했으며, 수백만 개의 상점이 이를 활용할 수 있다. 카드 결제 수수료가 보통 2.9% 수준인 반면, 스테이블코인 결제 수수료는 약 0.1%에 그친다. 연간 매출이 100만 달러인 상점은 이론적으로 수만 달러의 수수료를 절감할 수 있다. 이러한 사례는 스테이블코인이 국채 이자 수익 모델을 넘어 결제 인프라와 플랫폼 전반에 활용될 가능성을 보여주는 하나의 시나리오다.

## 삼성이 갤럭시에 지갑을 넣은 이유

삼성이 갤럭시 S10에 '삼성 블록체인 월렛'을 넣었을 때, 사람들은 의아해했다. '암호화폐 지갑이 왜 필요하지?' 하지만 삼성은 5년 앞을 내다보고 있었다. 전 세계에서 사용 중인 갤럭시 스마트폰은 10억 대가 넘는다. 이 수치는 곧 잠재적 스테이블코인 사용자 수와 같다. 만약 삼성이 자체 스테이블코인을 발행한다면 어떨까? 하루 아침에 10억 명의 고객을 확보하는 것이다. 페이스북이 리브라를 만들려다 실패한 이유가 규제였다면, 삼성은 다르다. 이미 삼성카드, 삼성생명, 삼성화재를 통해 금융 라이선스를 확보하고 있다.

삼성의 진정한 경쟁력은 거대한 기기 생태계에 있다. 갤럭시폰,

갤럭시워치, 갤럭시버즈, 스마트TV, 냉장고, 세탁기까지 모든 기기가 연결되어 서로 돈을 주고받는다면 어떤 일이 벌어질까? 냉장고가 우유를 자동 주문하고, 세탁기가 세제를 구매하며, TV가 넷플릭스 구독료를 낸다. 모두 스테이블코인으로 이루어진다.

애플도 마찬가지다. 애플페이 사용자는 5억 명을 넘어섰다. 하지만 애플은 여전히 비자와 마스터카드에 수수료를 지불한다. 만약 애플이 자체 스테이블코인을 만든다면? 연간 수백억 달러의 수수료를 절약할 수 있을 뿐만 아니라 앱스토어처럼 금융 생태계 전체를 스스로 지배할 수 있게 된다.

## 한국 기업들의 스테이블코인 전쟁

한국 정치권은 '디지털자산기본법' 개정을 통해 원화 스테이블코인 발행의 문을 열기 시작했다. 이 소식에 가장 먼저 움직인 것은 빅테크였다. 토스, 카카오, 네이버가 일제히 준비 태세에 돌입했다. 왜 이들이 스테이블코인에 목을 매는 것일까?

먼저 토스를 보자. 월간 활성 사용자만 2천만 명, 토스뱅크의 수신액은 약 15조 원에 이른다. 지금은 이 돈에 연 2~3%의 이자를 지급해야 한다. 단순 계산으로 연간 3~4천억 원이 이자로 나가는 셈이다. 그런데 만약 토스가 원화 스테이블코인을 발행한다면 상황은 달라진다. 이자는 사라진다. 사용자들은 편리함 때문에 기꺼이 무이자 스테이블코인을 쓸 가능성이 높다. 더 중요한 것은 생태계 장악이다. 토스증권, 토스보험, 토스페이먼츠 등 모든 서비스가 스테이블코인으로 연결된다. 주식을 사고, 보험료를 내고, 쇼핑까지 모두 토스 스테이블코인으로 가능해진다. 사용자가 토스를 떠나는 순간, 금융생활 전체를 다시 세팅해야 한다. 쉽게 떠날 수 없게 되는 것이다.

카카오는 더 큰 잠재력을 지닌다. 카카오톡은 4,700만 명, 한국인의 95%가 사용하는 앱이다. 만약 카카오가 자체 스테이블코인을 도입한다면, 송금부터 택시, 쇼핑, 음악 스트리밍(멜론)까지 모든 일상이 카카오 생태계 안에서 결제될 수 있다.

네이버도 만만치 않다. 2024년 네이버쇼핑 거래액은 40조 원에 달했고, 네이버페이 사용자는 4천만 명을 넘어섰다. 여기에 일본 라인의 2억 명 사용자까지 합치면, 만약 네이버가 한·일 통합 스테이블코인을 만든다면 동아시아 최대의 디지털 통화 생태계가 탄생할 수도 있다.

## 커머스 기업들: 수수료 전쟁의 종결자

한국 최대 이커머스 기업인 쿠팡은 매출 규모만큼이나 결제 수수료 부담도 크다. 2023년 쿠팡의 거래액은 약 35조 원. 업계 추정에 따르면 이 가운데 카드 결제 수수료로만 연간 수천억 원이 지출된다. 단순 계산으로 약 3천억 원, 즉 거래액의 0.9%에 해당하는 금액이다.

만약 쿠팡이 자체 스테이블코인을 도입한다면 어떨까? 이 비용을 크게 줄일 수 있다. 더 중요한 것은 해외 직구 경쟁력이다. 쿠팡은 알리익스프레스, 테무와 같은 중국계 플랫폼과 치열한 가격 전쟁을 벌이고 있다. 그런데 환전 수수료와 카드 네트워크 수수료가 가격 경쟁력을 갉아먹는다. 스테이블코인을 사용하면 중국 판매자에게 곧바로 USDC를 보낼 수 있다. 수수료는 0.1% 수준에 불과하다.

이러한 잠재력은 2025년 9월 쿠팡이 해외 판매자 정산에 USDC를 도입하고 삼성전자가 삼성페이 연동을 공식화하며 본격적인 현실이 되었다. 신세계도 잠재력이 크다. SSG닷컴, 이마트, 신세계백화점, 스타벅스 등 모든 계열사를 합치면 연간 거래액은 50조 원이 넘는다. 만약 신세계가 자체 스테이블코인을 발행해 결제를 통합한다면, 단순한 유통 그룹을 넘어 한국의 금융 공룡으로 변모할 수 있을 것이다.

### 통신사와 모빌리티: 일상을 장악하는 스테이블코인

한국의 통신 3사, SK텔레콤, KT, LG유플러스의 연간 매출은 합쳐서 50조 원이 넘는다. 매달 수천만 명이 내는 통신료는 거대한 현금 흐름이다. 만약 이 결제가 스테이블코인으로 이뤄진다면 어떨까? 통신사들은 이미 금융업에 발을 담그고 있다. SK텔레콤은 티전화~T Phone~를 통해 간편 송금 서비스를 운영하고 있고, KT는 케이뱅크의 모회사다. 여기에 스테이블코인 결제가 더해진다면? 통신사는 이동통신 사업자를 넘어 은행으로 변모할 수 있다.

카카오모빌리티를 보자. 하루 평균 100만 건의 택시 호출이 발생하고 평균 요금은 약 1만 5천 원이다. 단순 계산으로 하루 거래액이 150억 원에 달한다. 만약 이 모든 결제가 카카오 스테이블코인으로 처리된다면 카카오는 매일 150억 원의 유동성을 확보하게 되고, 그 자금으로 또 다른 금융 수익을 창출할 수 있다.

비슷한 서비스를 운영하는 우버~Uber~의 다라 코스로샤히~Dara Khosrowshahi~ CEO는 2025년 6월 블룸버그테크서밋~Bloomberg Tech Summit~에서 '스테이블코인이 글로벌 송금 비용을 낮출 수 있는 현실적인 수단으로 매우 흥미롭다'고 평가하며 실제 도입 가능성에 대해 '탐색 단계'라고 밝혔다.

## 모든 기업이 은행이 되는 시대

스테이블코인의 등장으로 '모든 기업이 은행이 될 수 있다'는 가능성이 생겼다. 은행이 되려면 수조 원의 자본금, 수백 명의 전문 인력, 금융 당국의 까다로운 인가가 필요하다. 진입 장벽도 높았다. 그러나 스테이블코인은 다르다. 기술만 있다면 토스도, 카카오도, 쿠팡도 '디지털 은행'을 만들 수 있다. 기존 은행들을 위협하는 것은 네트워크 효과다. 한 번 생태계에 들어온 사용자는 쉽게 떠날 수 없다. 카카오톡을 떠나기 어려운 것처럼, 모든 친구와 서비스가 연결된 카카오 스테이블코인 생태계 역시 사용자가 이탈하기 어렵다.

한국에서도 여러 기업이 원화 스테이블코인 발행을 검토하고 있다. 미국에서는 이미 수백 개의 프로젝트가 등장했고, 일부는 제도권 진입에 성공했다. 중국은 민간 스테이블코인을 막고 있지만, 알리바바, 텐센트와 함께 대신 디지털 위안화 실험을 하고 있다.

이 모든 흐름은 하나의 사실을 가리킨다. 그것은 21세기 비즈니스의 운영체제다. 누가 이 운영체제를 장악하느냐가 곧 미래 권력의 향방을 결정한다. 애플이 앱스토어로 모바일 생태계를 지배했듯이, 스테이블코인을 장악한 기업이 금융 생태계를 지배할 것이다.

# 33

# 중앙은행의 딜레마: CBDC냐 스테이블코인이냐

### 중앙은행들이 잠을 못 이루는 이유

2024년 6월, 국제결제은행Bank for International Settlements, BIS 연례 회의의 화두는 단연 스테이블코인이었다. 중앙은행 총재들의 가장 큰 걱정은 한마디로 요약됐다. "돈의 통제권을 잃고 있다."

그 우려는 숫자로 드러난다. 2024년 전 세계 스테이블코인 시가총액은 약 1조 6천억~1조 7천억 달러에 이르렀다. 캐나다 국내 총생산에 맞먹는 규모다. 더 놀라운 것은 성장 속도였다. 2020년 200억 달러에 불과했던 시장이 불과 4년 만에 80배 가까이 불어났다. 같은 기간 전 세계 통화공급량(M2)은 20% 늘었을 뿐이었다.

중앙은행들이 당황하는 이유는 분명하다. 스테이블코인은 중앙은행의 가장 핵심적인 권한, 즉 통화발행권을 민간 기업이 잠식하는 현상이기 때문이다. 테더가 USDT를 발행하는 것은 사실상 달러를 찍어내는 것과 같고, 서클이 USDC를 만드는 것도 마찬가지다.

이는 통화정책을 무력화시킨다. 한국은행이 기준금리를 올린다고 해도, 시민들이 원화 대신 USDC를 쓴다면 금리 인상은 효과를 잃는다. 이미 그런 일이 현실에서 벌어지고 있다. 터키는 인플레이션을 억제하기 위해 기준금리를 45%까지 올렸지만, 시민들은 리라 대신 USDT를 선택했다. 중앙은행이 수도꼭지를 잠가도, 스테이블코인이라는 지하수관이 터져 나오는 것과 같다

## CBDC: 중앙은행의 반격

스테이블코인에 맞선 중앙은행들의 첫 번째 대응은 CBDC였다. 정부가 직접 디지털 화폐를 발행해 민간 스테이블코인과 경쟁하겠다는 전략이었다.

가장 먼저 움직인 나라는 중국이었다. 2020년부터 디지털 위안화 시범 사업을 시작했고, 2024년 기준 26개 도시에서 1억 개가 넘는 지갑이 발급됐다. 하지만 실제 사용은 저조했다. 일일 거래액은 2억 위안 안팎으로, 알리페이의 0.1%도 되지 않았다. 이유는 명확하다. 베이징의 한 회사원은 이렇게 말했다. "정부가 모든 거래를 본다는데, 누가 쓰고 싶겠어요?"

디지털 위안화는 모든 거래를 실시간으로 기록한다. 언제, 어디서, 무엇을, 얼마에 썼는지 정부가 모두 알 수 있다. 이 감시의 무게가 시민들의 발목을 잡았다.

유럽중앙은행도 디지털 유로를 준비 중이다. 그러나 속도는 더디다. 크리스틴 라가르드 Christine Lagarde 총재는 "도입까지 수년은 걸릴 것"이라고 인정했다. EU 27개국의 합의가 필요하기 때문이다. 독일은 프라이버시 침해를 걱정하고, 프랑스는 은행 산업에 미칠 영향을 우려하며, 이탈리아는 비용을 걱정한다. 각기 다른 이해관계가 발목을 잡고 있다.

미국은 더 신중하다. 연준은 2020년부터 보스턴 연준과 MIT가 함께 프로젝트 해밀턴 Project Hamilton 을 진행했다. CBDC는 기술적으로는 충분히 가능하다. 하지만 문제는 정치였다. 2024년 여론조사에서 미국인의 68%가 '정부가 모든 거래를 추적하는 디지털 달러'에 반대했다. 공화당은 이를 '디지털 독재'라 부르며 강력히 반대했고, 민주당 내부에서도 프라이버시 침해 우려가 제기됐다. 기술은 준비됐지만, 시민의 마음은 준비되지 않았다.

## 스테이블코인과 CBDC, 무엇이 다른가

스테이블코인과 CBDC의 본질적 차이를 이해하려면, 누가 발행하고 어떻게 통제하는지를 살펴봐야 한다.

**CBDC: 정부의 완벽한 통제**

중앙은행이 직접 발행

모든 거래를 실시간 추적 가능

프로그래밍된 조건 부여 가능(정부가 사용 기한·용도 제한 설정)

은행 계좌가 없어도 사용 가능

필요하다면 마이너스 금리 적용 가능

중국의 디지털 위안화가 그 가능성을 잘 보여준다. 일부 시범 사업에서는 '이 돈은 30일 안에 사용해야 한다'거나 '특정 품목에만 쓸 수 있다'는 조건이 부여됐다. 기술적으로는 특정 계정을 동결하거나, 정치적 목적으로 사용을 제한할 가능성도 배제할 수 없다.

**스테이블코인: 민간의 제한적 자유**

민간 기업이 발행

모든 거래가 블록체인에 기록됨(투명하지만 사용자 신원은 직접 노출되지 않음)

규제 범위 내에서 자유롭게 사용 가능

기존 금융 시스템과 연결(거래소·은행 출입구를 통해)

시장 금리에 따라 운용

예를 들어, 테더의 USDT나 서클의 USDC는 정부가 발행하지 않는다. 당국의 규제는 받지만, 일상적인 소액 거래까지 감시하지는 않는다. 사용자는 일정 수준의 프라이버시를 유지할 수 있다. IMF는 2024년 보고서에서 이렇게 정리했다. "CBDC는 정부가 강하게 통제하는 중앙집권적 화폐 모델에 가깝고, 스테이블코인은 민간 시장의 자율성을 기반으로 한 분산형 화폐 모델에 가깝다."

## 왜 중앙은행들이 스테이블코인 쪽으로 기울고 있나

2024년 하반기부터 중앙은행들의 태도에 변화가 나타나기 시작했다. 그동안 자체 CBDC 개발에 힘을 쏟던 흐름이 한 풀 꺾이고, 대신 스테이블코인과의 공존을 모색하는 움직임이 나타난 것이다.

일본이 대표적이다. 일본은행은 디지털 엔화 발행을 위한 파일럿을 진행해왔지만, 우에다 총재는 "당장 발행할 계획은 없다"며 입장을 번복했다. 대신 민간 은행과 협업을 강화하며, 엔화 기반 스테이블코인의 제도적 틀을 마련하는 데 힘을 쏟고 있다. 미쓰비시UFJ, 미즈호, 스미토모 등 주요 은행들은 자체 스테이블코인 발행 계획을 내놓으며 실험에 들어갔다. 정부는 규제자로서 원칙을 정할 뿐, 발행과 운영은 민간이 맡는 구조다.

영국 역시 '디지털 파운드,' 일명 브리트코인 Britcoin 구상을 추진해 왔으나, 발행을 강행하기보다는 신중하게 연구 단계에 머물러 있다.

영란은행은 민간 지갑과 결제 시스템을 활용하는 하이브리드 모델을 모색하며, CBDC와 민간 스테이블코인을 어떻게 조화시킬지를 실험하는 중이다.

싱가포르는 소규모 국가가 독자적인 CBDC를 발행해도 글로벌 사용성을 확보하기 어렵다는 현실적 판단 아래, 오히려 '스테이블코인 허브' 전략을 내세우고 있다. 국제 스테이블코인을 적극적으로 수용하고, 규제와 결제 인프라를 정비해 글로벌 자금이 모이는 플랫폼이 되려는 구상이다.

중앙은행들이 스테이블코인을 선택하는 이유는 분명하다. 첫째, 개발 비용 절감이다. CBDC 시스템을 만드는 데는 수조 원의 예산과 긴 시간이 소요되지만, 스테이블코인은 민간이 알아서 발행한다. 둘째, 정치적 부담 완화다. CBDC는 '정부의 감시 수단'이라는 비판에 직면하기 쉽지만, 민간 스테이블코인은 상대적으로 그런 논란에서 자유롭다. 셋째, 리스크 전가다. 문제가 생기면 "민간 기업의 실패"로 돌릴 수 있다. 넷째, 시장 검증이다. 이미 USDT, USDC는 수년간 실제로 작동하며 안정성을 입증해왔다.

이처럼 각국 중앙은행은 디지털 화폐 전략에서 독자적 발행의 길을 고집하기보다, 민간 스테이블코인을 제도권에 편입하는 방향으로 서서히 움직이고 있다.

## 한국의 고민: 5년째 CBDC 연구만

한국은행은 지난 수년간 중앙은행 CBDC에 대한 연구를 이어왔다. 2022년까지는 범용 디지털 화폐 연구 및 모의실험이 중심이었고, 2023년부터는 기관용 CBDC 활용 가능성과 기술적 확장 기능 검토가 증가했다.

현재 한국은행은 CBDC 도입을 놓고 신중한 입장을 유지하고 있다. 이창용 총재는 기자간담회와 국회 보고 등을 통해 "CBDC 도입이 금융 시스템 전반에 미치는 영향을 면밀히 검토하고 있다"고 여러 차례 강조했다. 그는 특히 시중은행의 역할 변화, 통화정책 전달 경로, 금융 안정성 등 핵심 사안들을 종합적으로 살펴보고 있다고 밝혔다. 이 같은 발언은 한국은행이 아직 공식적인 도입 시점이나 방식에 대해서는 결정을 내리지 않았음을 보여준다.

한국은행은 CBDC 도입 시 예금 유출, 은행 유동성 관리, 금융 안정성에 대한 우려가 크다. 또한 글로벌 동향, 예컨대 미국의 스테이블코인 정책 변화, 중국의 디지털 위안화 추진 등이 외교·금융 측면의 참고점으로 작용하고 있다.

결국 한국은 제3의 길을 모색하기 시작했다. 민간이 발행하는 원화 스테이블코인을 제도권 안으로 끌어들이는 방식이다. 2025년 6월 국회에 제출된 '디지털자산기본법'은 원화 스테이블코인의 법적 기반을 마련하기 위한 첫걸음으로 평가된다.

한국은행의 태도에도 변화가 나타났다. 초기에는 스테이블코인이 금융 안정성을 위협할 수 있다는 경고가 주를 이뤘다. 그러나 최근에는 "은행을 중심으로 단계적으로 도입하는 것이 바람직하다"는 발언이 나오면서, 일정한 안전장치를 전제로 제도권 편입 가능성을 열어두는 모습이다. 이는 스테이블코인을 전면적으로 부정하기보다는, 책임 있는 발행 주체와 규제 틀이 갖춰질 경우 제한적 허용을 검토하겠다는 방향 전환으로 해석할 수 있다.

### 승자는 정해졌다

승부는 기울고 있다. 스테이블코인은 가파른 성장세를 이어가고 있다. BIS에 따르면, 2025년 6월 기준 글로벌 스테이블코인 시가총액은 약 2,550억 달러에 이르며, 대부분은 달러 스테이블코인이다. 반면 CBDC는 중국을 제외한 상당수 국가에서 진행이 지연되고 있다.

그렇다면 왜 스테이블코인이 우세해졌을까?

첫째, 사용자가 원했기 때문이다. 스테이블코인은 디지털 화폐의 편의성을 제공하면서도 일정 수준의 프라이버시를 유지할 수 있었다. 둘째, 민간 기업의 선택이 있었기 때문이다. 일부 글로벌 기업들은 정부가 발행한 CBDC보다 민간 스테이블코인을 활용하는 쪽에 더 관심을 보였다. 셋째, 국경을 초월했기 때문이다. CBDC는 국가별로 따로 발행되지만, USDC와 같은 스테이블코인은 전 세계 어디서나 동일하게 사용할 수 있는 잠재력을 지녔다. 넷째, 혁신의 속도가 달랐기 때문이다. 민간 기업의 기술 개발은 중앙은행의 정책 결정보다 훨씬 빠르게 진행되었고, 이는 시장 적응 속도에도 그대로 반영되었다.

이제 새로운 통화 시스템의 균형점이 보인다. 민간이 만들고, 정부가 감독하며, 시장이 선택하는 구조다. 완벽하지는 않지만 가장 현실적인 해법이다. 한국 역시 선택의 기로에 서 있다. 연구와 시범 단계에 머물 것인가, 아니면 시장이 이미 보여준 현실을 수용할 것인가. 정부가 결정하기 전에 이미 시민들이 먼저 선택을 한 것은 아닐까?

## 원화 스테이블코인이 과연 필요할까?

전 세계 외환 거래에서 원화가 차지하는 비중은 2%가 채 되지 않는다. 그런데도 네이버, 카카오, 토스 같은 거대 핀테크 기업들과 시중 은행들은 왜 원화 스테이블코인 발행에 나서는 걸까? 해외에선 아무도 쓰지 않을 이 디지털 화폐를 둘러싼 보이지 않는 전쟁의 본질은 무엇일까.

그 답을 찾으려면 스테이블코인을 다른 시각으로 바라볼 필요가 있다. 국제 결제나 송금을 위한 수단, 혹은 USDC 같은 해외 스테이블코인의 유입을 막는 용도로만 생각하면 이들의 행보를 이해하기 어렵다. 이들이 주목하는 것은 스테이블코인의 또 다른 얼굴, 바로 '프로그래밍

이 가능한 금융 인프라'라는 가능성이다. 마치 낡은 수도관을 들어내고 도시 전체에 새로운 상하수도 시스템을 까는 것과 비슷하다.

 이 새로운 인프라가 깔리면 지금과는 전혀 다른 금융 환경이 열릴 수 있다. 앞선 장에서 살펴봤듯이, 자산을 팔고도 증권시장처럼 이틀을 꼬박 기다려야 돈이 들어오는 열악한 결제 문제를 획기적으로 개선할 수 있다. 한국 사회에만 있는 전세 보증금 문제나 중소기업의 자금 흐름을 막는 공급망 금융의 비효율성을 기술적으로 풀어낼 실마리가 되기도 한다. 앱스토어에 새로운 앱이 올라오듯, 누구나 기발한 아이디어로 자신만의 금융 서비스를 만드는 시대가 온다.

 이 모든 혁신적인 상상들이 현실이 되려면 원화를 기반으로 한 디지털 화폐가 필요하다. 해외 스테이블코인을 가져와 쓰면 되지 않냐고 반문할 수 있지만, 환율 변동의 위험 때문에 한국 거주자들을 위한 안정적인 서비스를 만들기엔 한계가 있다. 다양한 금융 기능을 레고 블록처럼 조합해 새로운 상품을 만들어내는 디파이 혁신 역시, 한국 사용자들이 마음 편히 쓰려면 원화 기반 위에서 움직여야 한다.

 원화 스테이블코인을 둘러싼 경쟁은, 국제 무대에서 원화의 위상을 높이려는 거창한 목적이 아니다. 그보다는 다가올 디지털 금융 시대에 대한민국 안에서 벌어질 모든 거래의 밑그림을 누가 그릴 것인가를 둘러싼 패권 다툼에 가깝다. 송금이나 결제라는 시각에서 벗어나 금융 혁신의 플랫폼이라는 관점에서 바라볼 때, 비로소 원화 스테이블코인이 왜 필요한지에 대한 진짜 답이 보이기 시작한다.

## 34
# 스테이블코인 시대에 나의 자산을 지키려면

디파이는 중개자 없이 작동하는 금융 시스템이다. 예금과 대출이 은행이라는 기관을 통해 이뤄진다면, 디파이에서는 이 모든 과정을 스마트 컨트랙트가 자동으로 처리한다. 은행은 고객이 100만 원을 예금하면 연 3%의 이자를 준다. 이 돈을 연 7%로 대출해주고, 차액 4%가 은행의 수익이 된다. 이 4%로 건물 임대료, 직원 급여, IT 시스템, 주주배당 등을 감당한다.

디파이는 이 중간 단계를 모두 없앴다. 예금자가 USDC 같은 스테이블코인을 스마트 컨트랙트에 예치하면, 프로그램이 자동으로 대출자와 연결한다. 대출자가 내는 이자 10%에서 프로토콜 운영 수수료 0.5%만 차감되고, 나머지 9.5%가 예금자에게 돌아간다. 건물도, 직원도, CEO도 없다. 오직 코드가 은행의 역할을 대신한다.

## 왜 이자율이 높은가

디파이 대출 이자율이 높은 이유는 암호화폐 시장의 레버리지 수요와 관련이 있다. 투자자들은 이더리움을 담보로 USDC를 빌려 다시 이더리움을 늘리는 식의 전략을 쓰며, 이익을 극대화한다. 이처럼 빌려서 더 큰 수익을 노리는 '롱 레버리지 수요'가 증가하면, 디파이 플랫폼은 자연스럽게 더 높은 대출 이자율을 책정한다. 실제 연구에서도 '롱 레버리지가 많을수록 스테이블코인 대출 수요와 이자율이 함께 상승'한다는 분석이 있다.

실제 시장 흐름에서도 이자율은 크게 변한다. 2025년 초 스테이블코인 대출 수요가 급등한 이후, 5월 말까지 평균 이자율은 약 5% 수준으로 하락했다. 이는 시장 수요의 축소와 조건 변화에 따른 반응으로 해석할 수 있다. 예를 들어 아베이 버전 3에서는 USDC 대출 시 이자율이 9.5%, 기본 추천율은 6.5%로 설정되어 있다. 이는 높은 수요 상황일 때 자동으로 조정된다.

반대로 하락장에서는 어떨까? 2022년 같은 약세장에서는 디파이 이자율이 2~3% 수준까지 미끄러졌다. 이는 차입 수요가 줄고, 예치자가 부담을 느껴 이자율 기대가 낮아졌기 때문으로 분석된다.

요약하면 상승장에서는 레버리지 수요가 폭증해 대출과 예치 모두 높은 수익률을 제공할 수 있지만, 하락장에서는 구조적으로 축소된 환경이 이를 억제하기도 한다.

## 디파이의 높은 수익의 대가

디파이는 매력적인 만큼 위험도 만만치 않다. 코드 한 줄이 치명적일 수 있다. 2024년 한 해 동안 전 세계 디파이 해킹 피해액은 20억 달러 안팎으로 집계되었다. 테라·앵커 프로토콜은 연 20% 이자를 약속했지만 2022년 시스템이 붕괴하면서 약 600억 달러가 증발했고, 2023년에는 유명 대출 프로토콜인 율러파이낸스Euler Finance에서 1억 9천만 달러가 탈취되기도 했다.

이자율 변동성도 크다. 은행 정기예금은 가입 시 금리가 만기까지 유지되지만, 디파이의 이자율은 실시간으로 출렁인다. 오늘 10%였던 금리가 내일은 3%로 떨어질 수 있다. 실제로 2025년 초 주요 프로토콜의 USDC 예치 이자는 이는 대출 수요가 줄어든 탓에 한 달 사이 두 자릿수에서 한 자릿수로 급락했다. 정부 규제 역시 시장을 뒤흔들 수 있다. 2021년 중국은 모든 암호화폐 거래를 전면 금지하며 자국민의 디파이 접근을 막았다. 미국에서도 2023년 미국 증권거래위원회SEC가 여러 거래소와 프로토콜을 '미등록 증권'으로 기소했다. 한국 역시 '디지털자산기본법'을 기반으로 2025년 이후 디파이 규제 방안을 논의하고 있다.

또 다른 위험은 자금을 빼고 싶을 때 제대로 빼내지 못할 수 있다는 점이다. 대출 수요가 100%에 달하면 프로토콜의 유동성이 말라 인출이 불가능해질 수 있다.

## 디파이의 장점: 왜 그럼에도 사람들이 사용하는가?

디파이가 많은 리스크에도 불구하고 성장하는 이유는 분명하다.

무엇보다 접근성이 탁월하다. 은행 계좌가 없거나 신용등급이 낮아도 상관없다. 지갑 하나만 있으면 전 세계 어디서든 누구나 참여할 수 있다. 아프리카 농촌의 청년부터 중동의 프리랜서까지, 기존 금융에서 소외된 사람들에게 디파이는 새로운 통로를 열어준다. 인터넷만 있으면 곧바로 금융 시장에 입장할 수 있는 것이다.

둘째, 투명성이다. 모든 거래가 블록체인에 기록되어 누구나 열람할 수 있다. 은행이 "내부 규정상 공개할 수 없다"며 자료를 숨기는 것과 달리, 디파이는 처음부터 끝까지 오픈북이다. 거래 내역, 유동성 규모, 대출 상황이 모두 코드와 데이터로 기록된다. 이는 신뢰의 방식 자체를 바꿔놓는다. 사람을 믿는 것이 아니라, 코드와 수학을 믿는 것이다.

셋째, 쉬지 않는 금융이라는 특성이 있다. 주말, 공휴일, 은행 영업시간 같은 제약이 없다. 새벽 3시에 돈을 맡기고 바로 빼낼 수도 있다. 해외여행 중에도 휴대폰만 있으면 어디서든 접근할 수 있다.

넷째, 국경이 없는 금융이라는 점도 디파이의 강점이다. 한국에 앉아서 미국의 컴파운드나 유럽의 아베이에 예치하고 대출받을 수 있다. 여권 심사도, 외환 규제도 없다. 지갑 주소 하나로 국경을 뛰어넘는다.

마지막으로, 혁신의 속도다. 대표적인 예가 플래시론Flash Loan이다. 담보 없이 수억 원을 빌리고, 단 한 번의 블록체인 트랜잭션 안에서 갚는 구조다. 은행에서는 상상조차 할 수 없는 일이다. 물론 이런 시스템이 해커의 공격에 악용되기도 하지만, 바로 그 점이 디파이의 본질을 보여준다. 실패와 문제를 두려워하지 않고 끊임없이 새로운 금융 실험을 시도한다는 것이다.

이 다섯 가지 요소가 결합되면서 디파이는 전통 금융이 가진 장벽을 무너뜨리고 전 세계 투자자와 사용자들을 끌어들이고 있다.

## 초보자를 위한 현실적 조언

디파이에 처음 발을 들이는 사람이라면 몇 가지 원칙을 꼭 기억해야 한다.

첫째, 잃어도 되는 만큼만 투자하라. 전 재산의 5~10%를 넘지 않는 것이 안전하다. 둘째, 검증된 프로토콜만 사용하라. 최소 2년 이상 운영된 이력, 10억 달러 이상의 TVL(총예치자산), 그리고 외부 보안 감사를 통과한 기록이 필요하다. 셋째, 분산 투자하라. 한 프로토콜에 모든 자금을 몰아넣지 말고 나눠서 배치해야 한다. 넷째, 복잡한 전략은 피하라. 처음에는 단순 예치부터 시작하는 것이 좋다. 다섯째, 가스비를 고려하라. 소액이라면 이더리움 메인넷보다는 폴리곤, 아비트럼 같은 레이어2 네트워크를 활용하는 편이 효율적이다.

이와 함께 주목할 만한 또 다른 선택지도 있다. 바로 코인베이스의 베이스 네트워크다. 엄밀히 말해 베이스는 중앙화된 기업이 운영하기 때문에 완전한 탈중앙화 금융은 아니다. 하지만 4~5% 수준의 안정적인 이자를 제공한다는 점에서 많은 투자자들의 관심을 끌고 있다. 디파이의 편의성과 전통 금융의 안정성 사이에 위치한 중간 지점이라고 할 수 있다. 무엇보다 코인베이스라는 상장 기업이 뒤에 있다는 점에서 상대적으로 안전하다고 평가되지만, 탈중앙화의 이점을 그대로 기대하기는 어렵다.

디파이 외에도 스테이블코인을 활용할 수 있는 방법은 다양하다. 탈중앙화 거래소에서 유동성을 공급하거나, NFT를 구매하고, DAO에 참여하거나, 예측 시장에서 베팅을 할 수도 있다. 하지만 이러한 영역들은 디파이보다 훨씬 복잡하고 위험하다. 충분한 학습과 경험 없이 뛰어들면 큰 손실을 입을 수 있다. 이 책에서는 기초적인 수준까지만 다루고, 보다 전문적인 영역은 독자의 추가 학습에 맡기려 한다.

## 비트코인 캐지 말고 곡괭이를 팔아라

1849년 1월, 제임스 마셜James Marshall이 캘리포니아의 한 제재소에서 반짝이는 돌멩이를 발견했다. 금이었다. 소식은 삽시간에 퍼졌고, 미국 전역에서 30만 명이 캘리포니아로 몰려들었다. 모두가 부자가 되는 꿈을 꿨다. 하지만 10년 후, 정작 큰 부자가 된 사람은 금을 캔 사람들이 아니었다.

리바이 스트라우스Levi Strauss라는 독일계 이민자가 있었다. 그는 금을 캐러 가지 않았다. 대신 샌프란시스코에 가게를 열고 금 채굴자들에게 질긴 작업복을 팔았다. 그것이 리바이스 청바지의 시작이었다. 사무엘 브래넌Samuel Brannan은 금이 발견됐다는 소식을 듣자마자 주변의 모든 삽, 곡괭이, 팬을 사들였다. 그리고 금 채굴자들에게 10배 가격에 팔았다. 헨리 웰스Henry Wells와 윌리엄 파고William Fargo

는 금 채굴자들의 돈을 안전하게 보관하고 송금하는 서비스를 시작했다. 그것이 오늘날 웰스파고 은행이다.

175년이 지난 2025년, 우리는 또 다른 골드러시를 목격하고 있다. 이번엔 금이 아니라 스테이블코인이다.

## 1995년 인터넷 버블, 그때 무엇을 샀어야 했나

시계를 가까운 과거로 돌려보자. 1995년, 인터넷이라는 신세계가 열렸을 때 사람들은 흥분했다. 너도나도 닷컴 기업에 돈을 쏟아부었다. 애완동물 용품을 온라인으로 판다는 아이디어 하나로 거액을 투자받은 페츠닷컴 Pets.com이나, 온라인 식료품 배달로 세상을 바꾸겠다던 웹반 Webvan 같은 회사들이 대표적이었다. 하지만 2000년 거품이 꺼지자, 이들은 약속이라도 한 듯 모두 사라졌다.

그런데 이 광풍이 지나간 폐허 속에서, 전혀 다른 방식으로 부를 쌓은 기업들이 모습을 드러내기 시작했다. 시스코 Cisco는 인터넷 라우터를 만들었다. 어떤 닷컴 기업이 뜨고 지든, 인터넷에 연결하려면 모두 시스코의 장비가 필요했다. 오라클 Oracle은 데이터베이스를 팔았다. 아마존이든 야후든, 데이터를 저장하고 관리하려면 오라클의 기술이 있어야 했다. 그들은 금을 캐러 달려가는 사람들에게 곡괭이와 삽, 그리고 튼튼한 청바지를 파는 사람들이었다.

온라인 서점으로 시작한 아마존은 금을 캐는 수많은 도전자 중 하나처럼 보였다. 하지만 제프 베조스Jeff Bezos는 사업의 본질이 책을 파는 것 자체가 아니라, 온라인으로 무엇이든 팔 수 있게 만드는 거대한 인프라에 있다는 것을 깨달았다. 그렇게 탄생한 아마존웹서비스AWS는 이제 넷플릭스나 에어비앤비 같은 거대 기업들마저 고객으로 삼으며 아마존 이익의 큰부분을 책임지고 있다.

2025년의 스테이블코인 시장에서 비슷한 풍경이 펼쳐지고 있다. 많은 이들이 묻는다. "어떤 스테이블코인이 최후의 승자가 될까?" 하지만 1995년의 교훈을 기억한다면, 우리는 질문을 바꿔야 한다. 진짜 중요한 것은 어떤 스테이블코인이 살아남느냐가 아니라, 이 스테이블코인 생태계가 돌아가게 만드는 인프라를 누가 쥐고 있느냐다.

USDC를 발행하는 서클의 사업 모델을 들여다보면 이 원칙이 얼마나 명쾌하게 적용되는지 알 수 있다. 사람들은 USDC가 1달러의 가치를 유지한다는 사실에만 주목하지만, 서클은 사람들이 USDC를 사기 위해 맡긴 현금을 미국 국채에 투자해 막대한 이자 수익을 벌어들인다. 스테이블코인을 사려는 사람이 많아질수록 서클의 금고가 저절로 두둑해지는 구조다. 사람들이 뒤늦게 서클이 스테이블코인 그 자체가 아니라, 스테이블코인 시대의 인프라 기업이라는 사실을 깨닫자 주가는 가파르게 올랐다.

암호화폐 거래소로 여겨졌던 코인베이스도 마찬가지다. 모두가 암호화폐의 종말을 이야기하던 2022년의 혹독한 겨울, 코인베이스는 조용히 자신들만의 블록체인 네트워크인 베이스를 만들며 인프라 기업으로의 변신을 준비하고 있었다. 이는 마치 은행이 자체 결제망을 설치하는 것과 같았다. 여기에 더해 서클과 함께 USDC의 공동 발행사가 되면서, 스테이블코인 시장이 커질수록 그 과실을 함께 나누어 갖는 구조까지 설계했다. 이는 골드러시 시절, 금을 캐는 사람들의 금을 안전하게 보관해주고 송금해주며 수수료를 받던 웰스파고가 했던 일과 정확히 일치한다. 금이 디지털 달러로 바뀌었을 뿐이다.

## '곡괭이' 파는 기업들

투자의 세계에는 만약도 정답도 없다. 하지만 스테이블코인이라는 새로운 골드러시 시대에 우리에게 삽을 팔고 있는 기업과 자산들을 어떻게 알아볼 수 있을까.

가장 먼저 살펴볼 곳은 비자와 마스터카드 같은 전통 금융의 거인들이다. 스테이블코인이 등장했을 때 이들의 종말을 예언했지만, 현실은 정반대로 흘러갔다. 이 영리한 기업들은 적과 싸우는 대신 적을 자신의 편으로 만들었다. 비자의 사업 본질은 '달러'가 아니라 '가치'를 옮기는 것이다. 그 가치가 달러든 USDC든 상관없이, A에서 B로 안전하게 옮겨주고 수수료만 받으면 그만이다.

다음으로 주목할 곳은 앞서 언급한 스테이블코인 시대의 중앙은행 역할을 하는 발행사, 바로 테더와 서클이다. 많은 이들이 USDT, USDC라는 상품 자체에만 주목하지만, 진짜 가치는 스테이블코인을 발행하고 운용하는 회사에 있다. 사람들이 예치한 달러를 국채에 투자해 막대한 이자 수익을 벌어들이는, 이른바 '현대판 조폐공사'인 셈이다.

스테이블코인이 달리는 '디지털 고속도로'에 비견할 있는 블록체인에 직접 투자하는 방법도 있다. 대표적인 것이 이더리움이다. 대부분의 스테이블코인이 이더리움 위에서 움직이며 막대한 '통행료'를 지불한다. 더 빠른 속도를 원한다면 솔라나가 대안이 될 수 있다. 비자와 같은 거대 기업들이 파트너로 선택한, 빠르고 저렴한 신규 고속도로다. 한편, 이 모든 시스템의 신뢰를 담보하는 '디지털 신호등' 역할을 하는 체인링크도 핵심 인프라로 꼽힌다.

국내 시장에서는 어떤 기회가 있을까? 아직 비상장 상태지만 가장 주목받는 곳은 단연 두나무다. 업비트라는, 한국인이 디지털 자산 세계로 들어가는 관문을 쥐고 있다는 점에서 그 잠재력은 단순한 거래 수수료 이상이다. 스마트폰이라는 하드웨어 관점에서는 삼성전자가 있다. 수억 대의 갤럭시 기기에 탑재된 지갑은, 마음만 먹으면 언제든 세계 최대의 결제 인프라로 변모할 수 있다. 마지막으로 플랫폼 관점에서는 카카오와 네이버가 있다. 이들에게 스테이블코인은 자신들의 '왕국'을 완성할 마지막 퍼즐 조각과도 같다.

물론 개별 기업과 자산을 분석하는 것이 어렵다면, 여러 '삽'을 한

바구니에 담는 ETF가 현실적인 대안이 될 수 있다.

### Amplify Transformational Data Sharing ETF(NYSE ARCA: BLOK)

코인베이스, 페이팔 등 블록체인 관련 기술 및 금융 기업들을 폭넓게 담아 '삽 파는 회사'들에 한번에 투자하는 가장 대표적인 ETF다.

### Grayscale Digital Large Cap Fund(OTCQX: GDLC)

기업이 아닌 비트코인, 이더리움 등 대형 디지털 자산 자체에 분산 투자하고 싶을 때 적합하다.

### VanEck Digital Infrastructure ETF(NASDAQ: DAPP)

BLOK보다 더 기술주에 집중하는 ETF로, 거래소, 채굴 기업, 블록체인 개발사 등 인프라 기술 기업 비중이 높다.

### Franklin Templeton Stablecoin Yield ETF(NYSE ARCA: STBL)

주식 대신 다양한 스테이블코인을 직접 보유하고, 이를 예치하거나 대출해주어 발생하는 '이자'를 수익으로 추구하는 가장 안정적인 형태의 상품이다.

1995년 인터넷의 미래를 믿고 아마존이나 시스코에 투자했던 사람들은 30년이 지난 지금 거대한 부를 이루었다. 지금 어떤 '삽'을 선택하느냐가 10년 후의 미래를 결정하게 될것이다.

## 당신은 무엇을 선택할 것인가

지금까지 스테이블코인이라는 새로운 세상과, 그 안에서 기회를 찾으려는 여러 기업들의 이야기를 따라왔다. 닷컴 버블의 역사에서 교훈을 얻고, 금광으로 달려가는 대신 청바지와 삽을 파는 사람들의 지혜를 엿보기도 했다. 이제 마지막 질문이 남는다. 그래서 우리는 무엇을 선택해야 할까.

어떤 이들은 이더리움이나 솔라나 같은 특정 기술이 미래를 지배하리라 믿고, 그 가능성에 직접 베팅할 것이다. 또 다른 이들은 시장의 방향을 예측하기보다는, 스테이블코인을 예치해 이자를 받는 것처럼 시스템 안에서 안정적인 현금 흐름을 만들어내는 쪽을 선호할 수도 있다. 혹은 지금까지 살펴본 '삽을 파는 기업'들처럼, 누가 이기든 성장하는 생태계 전체에 투자하는 길을 택할 수도 있다.

아마 이 책을 읽는 독자들마다 마음이 끌리는 선택지는 저마다 다를 것이다. 정답은 하나가 아니다. 중요한 것은 이 거대한 변화 앞에서 멈춰 서서 고민하고, 자신만의 기준을 세워보는 것이다.

# 36

# 천천히, 그러나 지금 시작하라

 지금은 1995년 인터넷이 막 시작됐을 때, 2007년 아이폰이 처음 세상에 등장했을 때와 비슷한 순간이다. 인터넷은 컴퓨터를 스마트하게 했고, 아이폰은 그 자체로 스마트한 전화기가 되었다. 이번에는 돈 자체가 스마트해지고 있다.

## 휴대폰의 진화, 그리고 돈의 진화

 2000년대 초반의 휴대폰을 기억하는가? 삼성 애니콜, LG 싸이언, 모토로라 레이저. 각 제조사가 만든 기본 기능만 담겨 있었다. 전화, 문자, 간단한 게임 몇 개가 전부였다. 그러다 2008년 앱스토어가 등장하면서 모든 것이 달라졌다. 누구나 앱을 만들 수 있게 되자, 갓 대학을 졸업한 젊은 창업가들이 만든 앱은 전 세계 10억 명이 쓰는 인스타그램으로 성장했고, 몇몇 택시 기사들의 참여로 출발한 서비스는 우버가 되었다.

금융에도 똑같은 변화가 찾아오고 있다. 은행이 만들어놓은 예금, 적금, 대출 상품만 있던 시대는 끝나가고 있다. 그 자리를 스테이블코인이라는 '프로그래밍 가능한 돈'이 대신하고 있다. 은행이 아니라 누구나 금융 서비스를 직접 만들어낼 수 있는 시대가 열리고 있다.

### 금융 앱스토어가 가져올 폭발적 변화

2008년 당시 앱스토어 내 앱은 500개에 불과했지만, 현재는 200만 개를 넘어섰다. 그러나 진짜 중요한 것은 숫자가 아니라 다양성이다. 명상 앱, 식물 키우기 앱, 별자리 앱처럼 대기업이라면 절대 만들지 않았을 니치한 서비스들이 수억 명의 사랑을 받고 있다.

금융 앱스토어도 똑같을 것이다. 은행이나 카드사가 결코 만들지 않을 서비스들이 쏟아져 나올 것이다. 예를 들어, 동네 떡볶이집 열 곳이 모여 만드는 '떡볶이 상호부조 펀드'. 매출이 떨어진 가게를 다른 가게들이 도와주는 시스템이다. 은행이 이런 상품을 만들까? 아니다. 그러기엔 시장이 너무 작다.

또 대학 MT를 가는 스무 명이 'MT 자동 정산 시스템'을 만들어 술값, 숙박비, 교통비를 실시간으로 나눠 계산한다. 카드사가 이런 기능을 개발할까? 아니다. 수익이 안된다. 프리랜서 100명이 함께 만드는 '수입 평준화 보험'도 가능하다. 수입이 많은 달에는 조금씩 모아두고, 수입이 없는 달에는 나눠 쓰는 방식이다. 복잡하고 수익 구조도 애매한 이런 상품을 거대 보험사가 만들 리 없다. 하지만 스마트 컨트랙트라면 얘기가 달라진다. 누구든지 코드 몇 줄만 알면 이런 시스템을 직접 만들 수 있다.

## 이미 시작된 금융 플랫폼 경쟁

전 세계 주요 기업들은 새로운 금융 인프라 구축에 박차를 가하고 있다. 이들이 만드는 것은 단순한 금융 서비스가 아니다. 금융 서비스들이 자유롭게 작동하고 연결될 수 있는 플랫폼이다. 앱스토어가 수많은 앱의 생태계를 만들어냈듯, 이들은 금융 서비스의 새로운 생태계를 설계하고 있는 것이다.

가장 빠르게 성장하는 곳은 코인베이스다. 베이스라는 자체 블록체인 네트워크를 앞세워 이미 1억 명이 넘는 기존 이용자들을 생태계로 끌어들였다. 특히 쇼피파이와 제휴하면서 200만 개가 넘는 온라인 상점에서 USDC 결제를 받을 수 있게 됐다. 2024년에 베이스에서 처리된 거래 규모는 500억 달러를 넘어섰다.

솔라나는 더 과감하다. 아예 자체 스마트폰인 사가폰을 출시했다. 이 스마트폰은 단순한 통신 기기가 아니라 '걸어다니는 은행'

에 가깝다. 구글이나 애플의 30% 수수료 정책에서 벗어나, 개발자들이 자유롭게 금융 앱을 만들고 배포할 수 있는 환경을 제공한다. 비록 판매량은 아직 10만 대 수준이지만, 새로운 시도라는 점에서 주목을 받고 있다.

서클은 기업용 시장(B2B)에 집중한다. 기업들이 '프로그래밍 가능한 달러'를 손쉽게 업무에 도입할 수 있도록 각종 도구와 API를 제공한다. 2025년 1월 기준으로 이미 1만 2천 개 이상의 기업이 서클의 솔루션을 활용해 급여 지급, 국제 송금, 자동 정산 등을 처리하고 있다. 핀테크 기업들도 가만있지 않다. 페이팔은 자체 스테이블코인 PYUSD를 발행했고, 블록은 비트코인 기반 금융 서비스를 확장하고 있으며, 스트라이프Stripe는 기업용 암호화폐 결제 인프라를 강화하고 있다.

## 킬러 앱의 등장을 기다리며

역사를 돌아보면 새로운 플랫폼이 대중화되기 위해서는 항상 '킬러 앱'이 필요했다. 아이폰도 처음 2년간은 값비싼 전화기에 불과했다. 하지만 2009년 '앵그리버드'가 등장하고, 2010년 '인스타그램'이 출시되면서 스마트폰은 누구에게나 필수품이 되었다. 금융 플랫폼 역시 비슷한 과정을 밟을 것이다.

그렇다면 어떤 서비스가 그 역할을 맡게 될까? 이미 몇 가지 가능성이 보이기 시작했다. 그중 하나는 급여 스트리밍 서비스다. 일한 시간만큼 실시간으로 급여를 받는 방식이다. 더 이상 월급날을 기다릴 필요가 없다. 오늘 8시간을 일했다면, 퇴근과 동시에 그만큼의 급여가 지갑에 들어오는 구조다. 미국에서는 사블리에라는 서비스가 이 방식을 구현했고, 이미 여러 블록체인 프로젝트에서 활용되고 있다. 온디맨드 노동자나 우버 드라이버처럼 소득 변동이 큰 직군에서 특히 주목받는다.

마이크로 보험도 흥미롭다. 날씨나 특정 조건에 따라 자동으로 보험금이 지급되는 시스템이다. 예컨대 비 오는 날에는 배달 라이더가 위험 수당을 자동으로 받고, 폭염이 이어지면 아이스크림 가게가 매출 감소분을 보상받는다. 이더리스크Etherisc라는 플랫폼은 농업 보험 분야에서 이를 현실화했다.

지역 기반 크라우드펀딩도 가능성이 있다. 동네 빵집에 1만 원을 투자하면 앞으로 1년간 빵을 10% 할인받는 식이다. 가게는 운영 자금을 확보하고, 주민들은 단골 가게를 지키면서 혜택을 누린다. 미국의 메인베스트Mainvest 같은 플랫폼이 이미 소규모 상점을 대상으로 이 모델을 실험하고 있다.

이중 어느 서비스가 1억 명의 사용자를 모으는 킬러 앱이 될지는 아직 알 수 없다. 하지만 분명한 것은, 누군가는 성공할 것이고, 그 순간 금융의 판도는 완전히 달라질 것이다.

## 현실적인 문제들

모든 것이 순조롭지만은 않다. 스테이블코인과 디파이 생태계에는 여전히 해결해야 할 문제들이 산적해 있다.

무엇보다 보안 문제가 심각하다. 북한 해커 그룹 라자루스는 지난 5년간 암호화폐 해킹으로 3조 원이 넘는 자금을 탈취했다고 한다. 그들의 주요 타깃은 디파이 프로토콜의 취약점이며, 빼돌린 자금은 스테이블코인으로 세탁된다.

자금 세탁과 불법 거래도 여전한 위험이다. 유엔마약범죄사무소에 따르면, 멕시코 마약 카르텔은 USDT를 이용해 매년 수십억 달러를 이동시키고 있다. 러시아가 우크라이나 제재를 회피하기 위해 스테이블코인을 사용한다는 의혹도 제기되고 있다.

또한 대형 사고의 트라우마가 아직 생생하다. 2022년 테라·루나 붕괴로 약 60조 원이 증발했고, 한국에서만 28만 명이 피해를 입었다. 같은 해 11월, 세계 2위 거래소였던 FTX가 파산하며 10조 원 규모의 고객 자금이 증발했다. 이 사건들은 암호화폐 전체에 대한 불신을 크게 키웠다.

마지막으로 규제 불확실성도 큰 걸림돌이다. 미국은 '지니어스 법'을 통과시켰지만 중국은 암호화폐를 전면 금지했고, EU 역시 엄격한 규제를 시행하고 있다. 한국 역시 '가상자산이용자보호법'을 시행하지만, 세부 가이드라인은 여전히 불명확하다.

## 그래도 거스를 수 없는 흐름이다

이런 문제들에도 불구하고 금융의 디지털화는 계속 진행되고 있다. 역사를 보면 모든 혁신적인 기술은 비슷한 과정을 거쳤다.

인터넷 초기를 기억하는가? 믿기 힘들겠지만 1990년대에 인터넷은 '범죄자들의 도구'라고 불렸다. 불법복제, 해킹, 사기, 음란물이 넘쳐났다. 많은 사람들이 인터넷은 위험하고 불필요하다고 생각했다. 하지만 지금 인터넷 없는 삶을 상상할 수 있는가? 스마트폰도 마찬가지다. 처음에는 중독, 사생활 침해, 전자파, 가짜뉴스 등 온갖 우려가 쏟아졌다. 이런 문제들은 지금도 존재한다. 하지만 우리는 문제를 관리하면서 스마트폰을 일상의 도구로 받아들였다. 스테이블코인과 디파이도 문제를 하나씩 해결하고, 규제를 정비하고, 사용자 경험을 개선하면서 점진적으로 일상에 스며들 것이다.

우리는 이 변화를 어떻게 받아들여야 할까? 무작정 거부하는 것은 현명하지 않다. '몰라도 된다'고 생각할 수도 있지만, 금융의 디지털화는 피할 수 없는 흐름이다. 1995년에 '인터넷 없어도 산다'고 했던 말이 얼마나 현실과 동떨어진 것인지 생각해보라. 그렇다고 맹목적으로 뛰어드는 것도 위험하다. 아직 해결되지 않은 문제가 많고, 규제도 불명확하며, 기술적 장벽도 높다. 전 재산을 스테이블코인에 넣는다거나, 검증되지 않은 디파이 프로토콜에 투자하는 것은 무모한 도박일 뿐이다.

가장 현실적인 접근은 '신중한 실험'이다. 소액으로 시작해서 천천히 배워가는 것이다. 먼저 공부부터 하라. 유튜브 강의를 보고, 관련 책을 읽고, 온라인 커뮤니티에서 정보를 수집하라. 최소한 스테이블코인이 무엇인지, 디파이가 어떻게 작동하는지 정도는 이해해야 한다. 그 다음 아주 작은 금액으로 실습해보라. 1만 원이면 충분하다. USDC를 사서 메타마스크 지갑에 넣어보고, 친구에게 보내보고, 간단한 디파이 서비스를 이용해보는 것이다. 이 과정에서 가스비가 어떻게 작동하는지, 송금시간이 얼마나 소요되는지 등 기술을 이해하고, 장단점을 파악하며 점차 자신만의 판단 기준을 만들 수 있다. 익숙해졌다면 조금씩 확대해보는 것이다. 하지만 절대 무리하지 않는 것이 좋다.

### 10년 후를 내다보며

2035년의 금융 시스템은 지금과 크게 달라져 있을 것이다. 스테이블코인이 일상적인 결제 수단이 되고, 수많은 금융 서비스가 블록체인 위에서 작동하며, 국경 없는 금융 거래가 자연스러운 일이 될 것이다. 그러나 그것이 전부가 아니다. 전통 금융은 여전히 중요한 역할을 이어갈 것이고, 현금도 완전히 사라지지는 않을 것이다. 새로운 기술과 기존 시스템이 공존하며 서로를 보완하는 하이브리드 금융 체제가 될 가능성이 높다.

변화는 이미 시작되었다. 천천히 가도 괜찮다. 그러나 관심을 가지고 지켜보는 것만은 반드시 필요하다. 어쩌면 오늘의 작은 1만 원짜리 실험이 10년 뒤 당신의 삶을 크게 바꿔놓을 수도 있다.

> 마치며

# 2035년, 서울의 평범한 하루

    2035년 10월 15일 아침 7시 30분. 임지원은 눈을 뜨자 마자 스마트미러에 떠 있는 숫자를 확인했다. 지난밤 자는 동안 벌어들인 수익이다. 회사 지분 토큰은 실시간으로 거래되고, 아파트는 리츠 형태로 쪼개져 초 단위로 임대료가 들어온다. 거기다 어제는 회사에 차를 가져가지 않았기 때문에, 가지고 있던 월정기주차권을 다른 사람이 이용하면서 이용료가 입금되었다.

    집 앞 카페의 IoT 커피머신은 그녀의 심박수와 수면 패턴을 분석해 최적의 커피를 추출한다. 결제 과정은 따로 없다. 커피를 집어 드는 순간, 손목의 바이오칩이 본인을 인증하고 지갑에서 원화 스테이블코인이 자동으로 빠져나간다.

자율주행 택시에 오르자 지원의 지갑과 택시 지갑이 연결된다. 이동한 거리와 시간에 따라 요금이 초 단위로 스트리밍 결제된다. "회사 미팅"이라고 말하는 순간, AI 비서 '핀'이 즉시 목적지를 인식한다. 도착하자마자 결제가 종료되고, 회사 경비 지갑에서 개인 지갑으로 택시비가 자동 환급된다. 영수증이나 경비 처리는 더 이상 필요 없다.

택시 안에서 오늘 일정을 확인한다. 오후 3시, 딸 수경의 피아노 학원비가 결제될 예정이다. 단, 이번 주 연습 시간이 5시간 이상일 때만. 피아노에 설치된 센서가 연습 시간을 측정해 조건을 충족하면 자동으로 송금된다. 다음 달 일본 출장을 위한 항공권과 호텔 예약에도 특별한 조건이 걸려 있다. 태풍이나 지진으로 취소되면 전액 환불, 회사 사정이면 절반 환불, 개인 사정은 환불 불가. 모든 조건이 스마트 컨트랙트에 기록되어 있어 분쟁의 여지가 없다.

회사에 도착한 지원은 내년에 개봉할 봉준호 감독의 신작 영화 투자를 고민한다. 최소 1만 원만 있으면 흥행 수익의 극히 일부를 받을 수 있다. 큰 이익은 아니지만, 팬으로서 투자한다는 재미가 있다. 게다가 투자자 전용 시사회 초대권과 감독과의 화상 미팅 기회도 따라온다. 점심시간에는 팀원들과 일식집에 갔다. 여섯 명이 각자 다른 메뉴를 주문했지만 계산 걱정은 없다. 테이블의 AI 카메라가 누가 무엇을 먹었는지 인식하고, 각자 먹은 만큼 정확히 청구한다. 김

과장이 법인카드로 결제하려 하자 스마트 컨트랙트가 작동한다. '주류 30% 초과 불가, 인당 5만 원 한도, 팀 회식 월 2회 제한' 같은 규칙을 확인하고 자동 승인된다.

오후엔 흥미로운 뉴스가 떴다. 블랙핑크가 재결합 콘서트를 연다는 소식이다. 티켓 가격은 200만 원, 5분 만에 매진. 하지만 지원은 당황하지 않는다. 이미 '블랙핑크 NFT 티켓 펀드'에 가입해 있었기 때문이다. 매달 1만 원씩 적립하면 콘서트가 열릴 때 자동으로 티켓이 구매된다. 실패하면 적립금에 연 10% 이자를 얹어 돌려준다. 그보다 더 놀라운 건 친구의 사례다. 급전이 필요했던 그는 블랙핑크 티켓을 담보로 60만 원을 빌렸다. 티켓 시세가 300만 원이니, 20%만 빌린 셈이다. 콘서트 일주일 전까지 갚으면 티켓을 되찾고, 못 갚으면 티켓이 자동 매각되어 대출금이 상환된다.

저녁에는 동네 쌀국수집에서 특이한 QR코드를 발견했다. '음식물 쓰레기 30% 감축 프로젝트.' 지원이 5천 원을 기부하자 돈은 에스크로 계정으로 이동했다. 한 달 뒤 IoT 음식물 처리기가 목표 달성을 확인하면 기부금이 식당으로 자동 이체되고, 실패하면 환불된다. 동네 빵집의 '일회용품 제로 챌린지,' 카페의 '텀블러 사용률 50% 달성' 프로젝트도 같은 방식으로 운영된다.

집으로 돌아오는 길, 지원은 딸 수경이 만든 앱을 확인한다. 13살 수경은 '우리 학교 급식 평가' 앱을 만들었다. 학생들이 급식을 평가

해 평점이 4.0 이상이면 영양사에게 보너스가 지급되는 시스템이다. 이미 200개 학교가 도입했고, 수경은 거래당 0.1원씩 수수료를 받는다. 하루 5만 건이면 5천 원. 중학생에게는 큰돈이다. 수경은 좋아하는 웹툰〈신의 탑〉시즌4 제작에도 3만 원을 투자했다. 조회 수가 1억 뷰를 넘으면 투자금의 두 배를 받고, 그렇지 못하면 작가 사인본 디지털 에디션을 받는다.

밤 9시, 넷플릭스를 켠다. 이제 넷플릭스는 단순한 OTT가 아니다. '관객 참여형 파생상품' 메뉴가 있다. 미국판〈오징어게임 3〉가 세계 1위를 차지할지 여부에 베팅할 수 있는 기능이다. 지원은 '출시 일주일 내 50개국 1위'에 1만 원을 걸었다. 성공하면 2만 원을 받고, 실패하면 잃는다. 단순한 도박이 아니다. 수익의 일부가 다음 시즌 제작비로 투입되어 팬들이 직접 콘텐츠 제작에 참여하게 된다.

자기 전 지원은 내일 있을 건강검진을 확인한다. 검진 결과는 스마트 컨트랙트와 연동되어 혈압, 혈당, 콜레스테롤이 정상 범위라면 건강보험료가 자동으로 10% 할인된다. 운동 앱과도 연결되어 주 3회 이상 운동하면 추가 5% 할인 혜택이 주어진다. 건강할수록 돈을 절약하는 구조다. 침대에 누운 지원은 오늘 하루를 정리한다. 벌어들인 돈은 487,293원, 쓴 돈은 89,200원, 자동 저축 150,000원, 딸 교육비 45,000원, 기부 5,000원. 모든 것이 자동으로 처리되었다. 영수증을 모을 필요도, 가계부를 쓸 필요도 없다. 조건만 설정하면 돈이 스스로 흘러간다. 일한 만큼 즉시 들어오기 때문에 월급날을 기다릴 필요도 없다. 모든 거래는 투명하고 조건적이다. 약속은 코드이고, 코드는 곧 법이다. 속이거나 속을 일이 없다.

2035년의 일상. 특별할 것 없는 평범한 하루지만, 불과 10년 전과는 완전히 다른 세상이다.

## 참고문헌

- Ministry of Finance(Japan), "Emergency Monetary Measures Ordinance," *Policy Report on Fiscal and Monetary Policy 1945-1971*, 1946.
- 〈東日本大震災で発見された金庫5700個〉, *NHK*, 2011. 4. 25.
- 한국은행, 《한국은행 50년사: 화폐와 금융》, 2000.
- '국민 350만명 참여한 금 모으기 227톤,' 〈연합뉴스〉, 1999. 2. 2.
- '부산저축은행 사태 피해자 10만명, 피해액 8조원,' 〈한국경제신문〉, 2011. 10. 5.
- "More than 85% of Silicon Valley's Bank's Deposits Were Not Insured," *Time*, 2023. 3. 18.
- "Poverty levels in Argentina hit 57.4% in January," *Reuters*, 2024. 2. 18.
- '미얀마 反군부 임시정부, 암호화폐 '테더' 공식통화로,' 〈한경닷컴〉, 2021. 12. 19.
- 'IMF "스테이블코인, 디지털 달러화 가속…미국 통화 패권 확장 중",' 〈토큰포스트〉, 2025. 8. 6.
- '트윗 한줄 33억원, NBA 장면이 2억원…NFT 뭐길래?,' 〈한국경제〉, 2021. 3. 24.
- '싱가포르항공 전자지갑 '크리스페이' 나왔다,' 〈연합뉴스〉, 2018. 8. 2.
- '암호화폐 거래소 크라켄, 애플·테슬라·엔비디아 토큰화 주식 출시,' 〈Tech42〉, 2025. 5. 22.
- '기부금으로 이사장 상품권 '깡'…324개 공익법인 적발,' 〈헌거레〉, 2025. 3. 9.
- '로또 조작?…해외에선 실제 조작사례 있었다,' 〈KPI뉴스〉, 2021. 9. 22.
- 권순우, '가계 숨은빚 1000조 육박…고금리에 한국경제 시한폭탄,' 〈매일경제〉, 2022. 10. 17.

- 장재현·김종대, 〈테크놀로지, 보험 산업을 바꾸고 있다〉, LG경영연구원, 2016.
- 안지영, '핀란드의 데이터기반 정밀의료(Precision medicine),' 한국바이오경제연구센터, 2019.
- '2023년 일반 상환 학자금대출 연체액 1,091억 원…연체자 2만7천 명,' 〈뉴시스〉, 2024. 9. 19.
- '오스트레일리아 익스플레인드: 호주의 학자금 대출, HELP,' 〈SBS 코리아〉, 2024. 2. 26.
- 정재영·이창석, '블록체인 기반의 부동산거래시스템에 관한 이론적 접근,' 한국부동산분석학회, 2021. 6. 25.
- '2023년 하도급거래 실태조사 결과 발표,' 중소기업중앙회, 2024. 1. 5.
- "Tune.FM wants to take on Spotify by using crypto to pay artists up to 100x more per stream," *TechCrunch*, 2024. 9. 12.
- '자영업자 두달새 20만명 감소…전체 550만명으로 코로나 수준,' 〈연합뉴스〉, 2025. 3. 9.
- 이수정, '리플, 두바이 부동산 토큰화 프로젝트 참여…중동 확장 본격화,' 〈글로벌이코노믹〉, 2025. 7. 16.
- "Bristol Pound: History, Impact, Challenges, and Legacy," *Mo Transport*, 2025. 2. 24.
- '게임·금융의 결합…아이템 빌려주고 대여료·이자 받는다,' 〈디센터〉, 2025. 3. 12.
- Fuso Nerini, F., et al. "Personal carbon allowances revisited," *Nature Sustainability*, 4, 1025-1031, 2021.
- '쇼피파이, 코인베이스 손잡았다…스테이블코인 활용처 대폭 확대,' 〈매일경제〉, 2025. 6. 13.
- "Introducing Saga: Solana Mobile's flagship device for Web3," *Solana Official Blog*, 2022. 6. 23.
- "Solana Mobile's Seeker integrates AI agents and brighter camera — announced at Breakpoint 2024," *Solana Compass(Breakpoint 2024 Keynote)*, 2024. 9. 19.
- De, Nikhilesh, and Marc Hochstein. "Tether's First Reserve Breakdown Shows Token Was 75.85% Backed by Cash and Equivalents." *CoinDesk*, 2021.

5. 13.
- "Tether's January 2025 reserve attestation confirms 84.1% in cash, T-bills and cash equivalents," *CoinLaw Insights*, 2025. 6. 26.
- '북한, 암호화폐 해킹 집중…'30억 달러 탈취', VOA Korea, 2024. 10. 18.
- "2025 Crypto Crime Trends: Illicit Volumes Portend Record Year as On-Chain Crime Becomes Increasingly Diverse and Professionalized," *Chainalysis*, 2025. 1. 15.
- "UN Security Council panel finds N. Korea stole about $3 billion in cryptocurrency since 2017," *Reuters*, 2024. 3. 22.
- '지난해 상반기 의료기관 침해사고 68건… 2020년 대비 3.7배', 〈IT조선〉, 2025. 8. 8.
- "Casinos, Money Laundering, Underground Banking, and Transnational Organized Crime in East and Southeast Asia: A Hidden and Accelerating Threat," *UNODC*, 2024.
- "In Wake of Attack on Israel: Understanding How Hamas Uses Crypto," *TRM Labs Blog*, 2023. 10. 11.
- "2025 Crypto Crime Report: 0.14% of Total On-Chain Transaction Volume Linked to Illicit Activity," *Chainalysis*, 2025. 1. 15.
- "North Korea-linked hackers stole $1.3 billion in crypto in 2024 — about two-thirds of all crypto hacks," *Financial Times*, 2024. 12. 19.
- 한만혁, '가상자산 이용자 20%가 피해 경험 "이용자 보호 규제 강화 필요,' 〈IT동아〉, 2025. 5. 7.
- "UNHCR launches pilot Cash-Based Intervention Using Blockchain Technology for Humanitarian Payments to People Displaced and Impacted by the War in Ukraine," *United Nations Ukraine*, 2022. 12. 15.
- "Enhancing Global Impact with Digital Dollars, 2024 Circle Impact Report," *Circle*, 2024.
- "Consultation for the Payments Interoperability and Extension Taskforce," *Circle*, 2025. 1. 20.

- "PayPal Adds PYUSD Stablecoin to Memecoin Favorite Solana Blockchain," *Bloomberg*, 2024. 5. 29.
- Marc Jones, "Central bank body BIS delivers stark stablecoin warning," *Reuters*, 2025. 6. 25.
- Helen Partz, "Turkey tops the world in stablecoin buying share vs. GDP," *Cointelegraph*, 2024. 4. 25.
- International Monetary Fund, "Central Bank Digital Currency: Progress And Further Considerations." *IMF Policy Paper No. 2024/052*, 2024. 11. 8.
- "Bank of Japan says no plans for CBDC, but updates pilot status of digital yen," *Ledger Insights*, 2025. 6. 4.
- Bank of England, "The digital pound," 2025. 4. 10.
- "$2.2 Billion Stolen from Crypto Platforms in 2024, but Hacked Volumes Stagnate Toward Year-End as DPRK Slows Activity Post-July," *Chainalysis*, 2025. 12. 19.
- '디파이 대출 업체 오일러 파이낸스, 1억9500만 달러 해킹 피해,' 〈글로벌이코노믹〉, 2023. 3. 14.
- Elizabeth Napolitano, "The Fall of Celsius Network: A Timeline of the Crypto Lender's Descent Into Insolvency," *Coindesk*, 2023. 5. 12.